服装品牌营销：

时尚
管理基础

[英]苏珊·迪伦 著

李上上　陈学军　译

中国纺织出版社有限公司

序言

时尚产业既是一个梦幻光鲜的世界，也是一门复杂庞大的生意，它的成功运转依赖于产业内设计和管理人才的才华与视野。人们的外表和选择的形象对其心理有着重要影响，因此时尚在人类的文化进程中扮演着重要角色，这也是服装设计、制造和销售的复杂过程的驱动力。

时尚产业正在吸引新一代时尚专业人才的加入，他们具有跨学科的综合技能，能够应对需求多变的消费者和竞争激烈的全球市场。这种对新人才的需求使毕业生有很多机会成长为时尚企业的中流砥柱，即使他们并不是设计天才。时尚产业的职场发展就和服装一样多元化，可以有许多不同的形式。如果你有商业头脑，并能将其与你热爱的时尚结合起来，那么时尚管理这门专业就很适合你。本书介绍当今时尚产业内不断发展的角色与活动，每一章开篇都列有学习要点，并在篇尾提供内容小结，指导读者进行学习。

第1章

本章介绍时尚管理的基础知识、商业概念和不同类型的时尚企业，对时尚产业进行概述，并阐述时尚系统如何运作。

第2章

本章探讨流行趋势预测及其在时尚产业中的应用，尤其强调在设计和零售领域的应用。

第3章

本章概述将时尚产品投放市场的基本管理活动，介绍时尚企业的各种职位与职责。

第4章

本章探讨时尚产业的转型，涉及产业供应链的多个方面，从生产、采购到宣传和零售模式。

2011年2月22日,海姆·克希霍夫(Meadham Kirchhoff)在伦敦时装周Fashion East专场上发布秋冬时装系列。
© Paul Cunningham via Getty Images

第5章

本章重点探讨时尚传播,即媒体和文化产业如何推广和描绘时尚,内容包括品牌推广、市场营销和推广模式。

第6章

本章介绍推动着全球时尚产业顺利运行的重要工具——时尚日历,通过主要的时装周活动解释时尚产业如何协调运行。

第7章

本章探讨成为一名成功的时尚企业家所需的管理工具和领导技能,覆盖财务、营销、商业模式和企业战略等领域。

目录

第1章
时尚产业的演变进程

- 2　时尚产业概述
- 11　科技的影响
- 16　有影响力的设计师与全球时尚品牌
- 20　案例研究：博柏利
- 23　本章小结
- 24　自测表
- 25　练习
- 26　杰米·哈克伯德（Jamie Huckbody）专访

第2章
流行趋势预测

- 30　流行趋势预测
- 34　产品开发、产品生命周期和流行趋势
- 40　趋势预测过程
- 41　时尚品牌的趋势预测工具
- 47　流行趋势预测机构
- 50　案例研究：Trendstop
- 52　本章小结
- 53　自测表
- 54　练习
- 55　贾娜·贾蒂里（Jaana Jätyri）专访

第3章
产品推向市场

- 58　时尚产业的核心领域
- 60　时尚管理职位
- 68　时尚管理基础理论
- 71　市场营销管理理论与模型
- 74　案例研究：普拉达
- 75　本章小结
- 76　自测表
- 77　练习
- 78　西蒙·约翰逊（Simon Johnson）专访

第4章
时尚产业链

- 82　时尚买手
- 88　时尚营销
- 90　全球采购和供应链
- 92　时尚零售
- 98　分销渠道
- 102　案例研究：Topshop应用程序
- 104　本章小结
- 105　自测表
- 106　练习
- 107　米歇尔·沃恩（Michelle Vaughan）专访

目录　v

第5章
时尚营销与传播

- 110　时尚营销
- 115　时尚消费者
- 121　时尚推广
- 124　时尚传播
- 128　案例研究：Zara的营销策略
- 130　本章小结
- 131　自测表
- 132　练习
- 134　杰米·霍洛威（Jamie Holloway）专访

第6章
时尚产业的工具

- 138　时尚日历
- 143　时尚媒体
- 145　时尚编辑
- 146　时尚策展、线上展览和贸易展览会
- 148　案例研究：纽约时装周的未来
- 150　本章小结
- 151　自测表
- 152　练习
- 154　查蒙·黛安·威廉姆斯（Charmone Diane Williams）专访

第7章
时尚创业与管理

- 158　创业实践
- 160　理念开发与商业化
- 163　21世纪全球时尚产业的市场机遇
- 165　新兴商业模式
- 166　创意企业的规划与管理
- 172　为企业筹集资金
- 174　了解知识产权（IP）和保护设计作品
- 176　案例研究：纳比尔·纳耶勒（Nabil Nayal）
- 178　本章小结
- 180　自测表
- 181　练习
- 182　纳比尔·纳耶勒专访

总结

参考文献

第 1 章

时尚产业的演变进程

本章在时装设计和时尚管理的框架下概述时尚产业的演变进程,解释科技和可持续发展对时尚产业的影响,并介绍一些具有影响力的全球时尚品牌及其对今天的影响。

本章学习要点:

- 通过学习部分影响时尚产品设计、创造和传播的关键因素,从广义上理解时尚产业的演变。
- 了解时尚产业的不同市场层级及其不同之处。
- 了解科技和互联网是如何影响当今时尚的创造、销售与传播的。
- 了解当今全球时尚产业的运作方式。
- 认识当今时尚界具有影响力的主要设计师和品牌,以及他们对时尚产业产生的影响。

左侧图
高级定制。
© George Rose via Getty images

时尚产业概述

时尚产业的核心是服装（与配饰）的设计与制造，其本质上是现代社会的产物。在19世纪中期以前，大多数服装都是根据特定客户的要求定制而成，并且服装都是手工缝制，消费者既可以在家自己动手制作，也可以向裁缝订购。当时被称为"tailor"的裁缝以设计、剪裁和整理服装的技艺而闻名，而被称为"dressmaker"的裁缝则通常为女性，她们的工作是通过一种被称为"时装模板"（fashion plates）的印刷时尚插图来复制或模仿来自巴黎、伦敦或其他"时尚中心"的最新服装理念。《牛津英语词典》于1803年首次收录了"Dressmaker"一词。

19世纪，随着以缝纫机为代表的新技术的兴起、全球资本主义的扩张、工厂生产系统的发展以及百货公司等零售商的增多，服装得以按照标准化的尺码被大量生产出来并以固定价格出售。时尚产业起源于欧洲和美国，现在已经是一个国际化和高度全球化的产业。在时尚产业中，服装经常在一个国家设计，在另一个国家生产，再销往世界各地。

时尚产业分为以下四个市场层级：

1. 原材料生产，主要是纤维和纺织品，也包含皮革和毛皮。
2. 由设计师、制造商、承包商等主导的时尚产品生产。
3. 产品零售。
4. 各种形式的广告与宣传。

这些层级包含许多独立又相互依存的领域，包括纺织品设计与生产、时装设计与制造、时装零售、市场营销、销售规划、时装发布会和时尚媒体，每个领域都致力于在获得盈利的前提下满足消费者对服装的需求。

时尚管理是时尚产业中一个不断进化的领域，专注于通过满足潜在客户和设计师的需要来推进服装销售。时尚营销与管理专业人才的工作涉及时尚产业的方方面面，尤其专注于营销设计师作品、策划时尚广告活动和跟进零售管理的诸多细节。无论是为设计师、广告公司、时尚杂志还是零售机构工作，他们的职责都是通过策划活动、筹备展览、制作广告、管理生产、开展营销和制定销售策略等商业行为来推动时尚销售。

时尚产业的产品主要有以下三种制造类型：

1. 高级定制。
2. 成衣（RTW）。
3. 大众市场。

了解这三种制造类型对于了解供应链以及整个时尚产业很有意义。

高级定制起源于传统的制衣方法，在当时被视为艺术般的存在。尽管如此，直到19世纪中叶，第一家高级定制时装屋才由查尔斯·弗雷德里克·沃斯（Charles Frederick Worth）创立。人们普遍认为沃斯为"时装设计"的创始人，因为他是第一位以"服装系列"的理念来制作服装并运用真人模特进行展示的设计师，允许每款设计在一定的范围内选择其他面料订购。1858年，沃斯成立了自己的时装屋，成功地让客户将设计师的服装作品和设计师的名字与形象联系在一起。在此之前，服装设计主要由匿名的裁缝完成。

设计师保罗·波烈（Paul Poiret）延续了这一概念，开创了将设计师的名字置于服装上

> **高级定制（Haute couture）**
> 1. 由顶级时装屋设计和制作的高端时装，特别是定制服装。
> 2. 昂贵的、时尚的服装。

的先河，时尚产业由此开始稳步发展。许多设计师都追随了沃斯的脚步，包括加布里埃·香奈儿（Gabrielle Chanel）、艾尔莎·夏帕瑞丽（Elsa Schiaparelli）、克里斯托巴尔·巴伦西亚加（Cristóbal Balenciaga）和克里斯汀·迪奥（Christian Dior）。

高级定制时装系列是由时装屋为私人客户专门设计和制作的服装。正如汽车制造商通过概念车型来彰显其专业知识与技术水平一样，时装设计师通过高级定制来展示自己的实力与工艺水平。为高级定制而创作的服装，品质卓越，处理巧妙。创新的设计理念、高水平的工艺水准以及耗时的制作过程，决定了每个高级定制时装系列往往只推出10～20件服装，并且价格昂贵。高级定制通过服装发布会或私人沙龙发布，每年两次，每次展示约35件新设计的高级定制时装，尽情展示设计师令人惊叹的设计理念和想象力（图1-1）。

高级定制时装周的入场券牢牢地掌握在巴黎工商会（Chambre de commerce et d'industrie de Paris）手中。想成为一名高级定制时装设计师，时装屋必须满足严格的要求：只有受邀加入隶属于法国工业部的巴黎高级时装工会（Chambre syndicale de la haute couture），才能获得资格。目前，该公会一共有约20位成员。简而言之，高级定制设计师是时尚界最富有、最成功的设计师，是精英中的精英。

不久前，只有超级富豪才有能力花大价钱购买高级定制系列。然而今天，随着社交媒体的普及，大众已经可以通过社交媒体的推文话题和照片墙（Instagram）即刻欣赏到刚登上发布会舞台的高级定制系列。在超级富豪时代，高级定制依然热销。汉娜·万豪（Hannah Marriot）在《卫报》（*The Guardian*）2014年7月发表的一篇文章中表示，香奈儿2014年春夏系列的销售额上升了20%，而迪奥高级定制客户的平均年龄从40多岁降到了30岁出头。这可能是由于市场购买力越来越强、科技越来越发达，并且技术越来越成熟。

图1-1
沃斯时装屋的女裁缝。
沃斯是通过时装发布会展示设计的先驱，也是第一个力图让自己的设计在全世界流行的设计师。
© Heritage Images via Getty Images

时间轴：时尚产业的演变进程以及一些关键影响

18世纪60年代
这一时期产生了飞梭。飞梭是早期工业革命中纺织工业化的关键发展之一。这一时期裁缝们也开始为各种男装和女装做广告。

1764年（英国）
这一时期产生了珍妮纺纱机。珍妮纺纱机是一种多轴纺织机，由英国兰开夏郡的詹姆斯·哈格里夫斯（James Hargreaves）发明，是纺织工业化的又一关键发展。

1790年（美国）
人们开始用"时装模板"来沟通时尚风格，裁缝们开始将服装款式微缩到布偶身上进行展示。英国发明家托马斯·山特（Thomas Saint）发明了世界上第一台缝纫机。

1802年
更具吸引力的时尚图片开始出现在印刷品展示橱窗里和《女士杂志》（The Lady's Magazine）等杂志中。

1803年
"Dressmaker"一词首次被收录进《牛津英语词典》中。

1830年（美国）
女性杂志《Godey女士手册》（Godey's Lady's Book）在美国发行，并成为非常受欢迎的期刊。该杂志包含大量时尚插画，并称赞法国是时尚潮流的中心。

1846年
维多利亚时代，随着工业的扩张和技术的变革，缝纫机从惹人注目的新奇事物变成了每个家庭都可以使用的日常用品。

1850年
合成纤维作为棉、亚麻和丝绸等天然纤维的替代品被开发出来，同时第一批百货公司首次在商业街出现。巴黎的乐蓬马歇（Bon Marche）是世界上第一家百货公司，美国的百货公司紧随其后于1860年出现，出售干货和织物。纽约的A.T. 斯图尔特（A.T. Stewart）和波士顿的乔丹玛驰（Jordan March & Company）是美国最早的百货公司。

1851年
艾萨克·梅里特·辛格（Isaac Merritt Singer）为第一台真正实用且高效的缝纫机申请了专利。

1855年
圈环裙（也叫作笼式裙撑）的出现使女性不再需要穿层叠厚重的衬裙来实现钟形裙的效果。

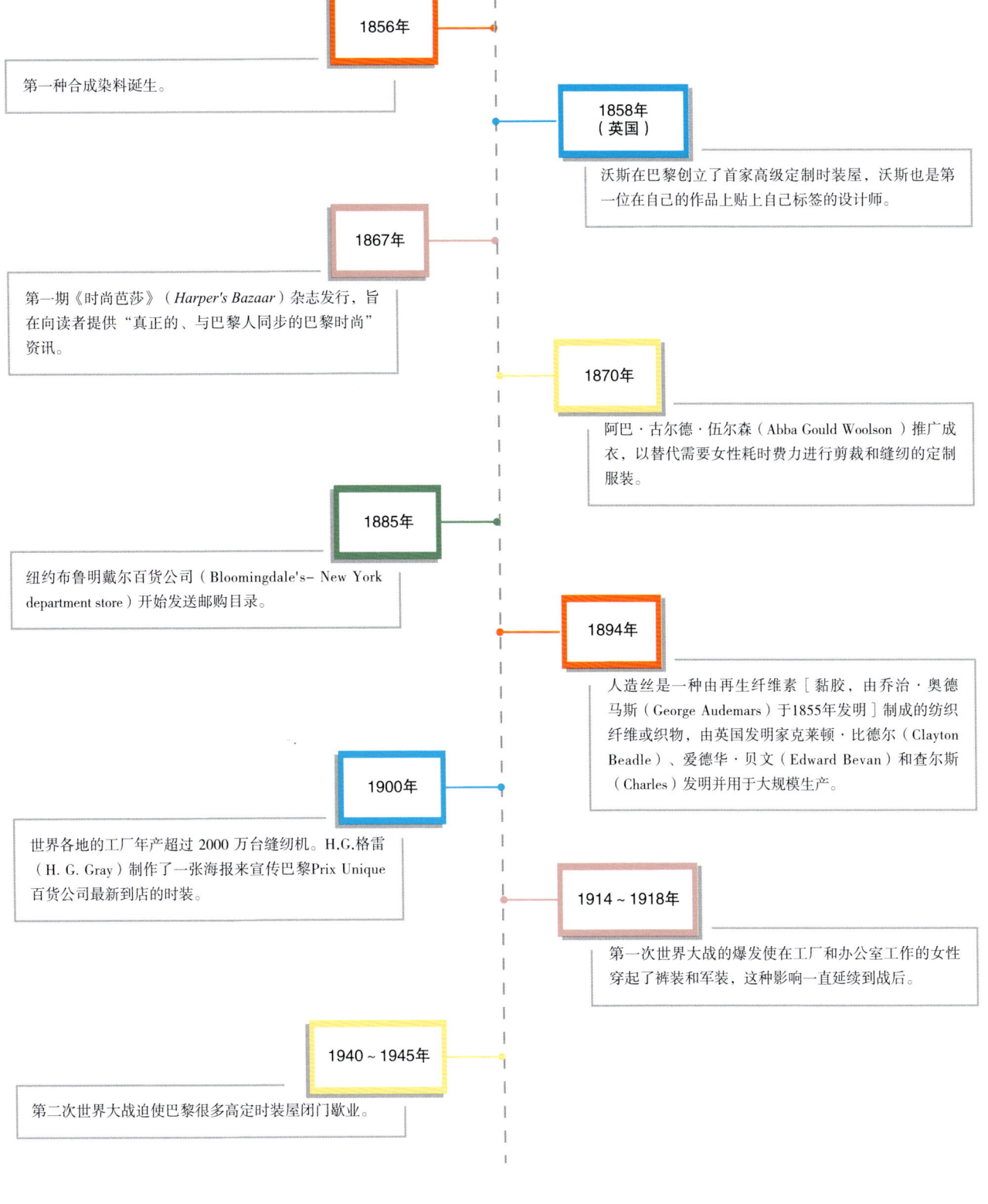

1955年

玛丽·奎恩特（Mary Quant）在英皇道（King's Road）开设了她的第一家精品店。在伦敦的切尔西区（Chelsea, London），她成为青年运动中最有影响力的人物之一。她发明了迷你裙，而她设计的热裤将模特崔姬（Twiggy）推向"超模"的宝座。

20世纪60年代

这一时期，年轻人的收入达到了第二次世界大战结束以来的最高水平。设计师皮埃尔·卡丹（Pierre Cardin）成为第一位授权各种产品使用其名字的设计师。

1961年

约翰·肯尼迪（John F. Kennedy）就任美国总统，他美丽、年轻、时尚的妻子杰奎琳·肯尼迪（Jackie Kennedy）成为美国的"第一夫人"。杰奎琳·肯尼迪与生俱来的时尚和穿衣品位很快使她成为美国的"时尚女王"。

1964年

第一家Biba服装店在伦敦肯辛顿的阿宾顿路开业。Biba的营销策略使其脱颖而出，既是为品牌营销设定标准的鼻祖，也是第一家拥有自己独特形象的高街品牌。

20世纪70年代

这一时期，走进职场的女性数量猛增，有之前的十倍之多。一群年轻人把自己定义为"反时尚的人"，并发展了一个打破常规的团体，对服装进行破坏和改造。这一运动被称为"朋克"。

1974年

女演员兼超模劳伦·赫顿（Lauren Hutton）和露华浓（Revlon）化妆品公司签订了化妆品代言合同。法国设计师索尼娅·里基尔（Sonia Rykiel）主导了20世纪70年代的美国市场，她让针织服装广为流行，并在这一时期首次推出了接缝外露的套头衫。

1975年

高街商店变得非常受欢迎，取代了20世纪60年代的精品店。高街市场的领导者是范·艾伦（Van Allan）。

1976年

时尚杂志的视频版本诞生了，时尚的传播形式随之改变。

1978年

高田贤三（Kenzo Takada）声名鹊起，他从许多不同的文化中汲取灵感，并对年轻消费者的需求有着深刻的理解。他的服装发布会富有戏剧性和创新性。

1979年

玛格丽特·撒切尔（Margret Thatcher）当选英国首相，引领了未来十年里国际上流行的女性"权力套装"（power dressing）。

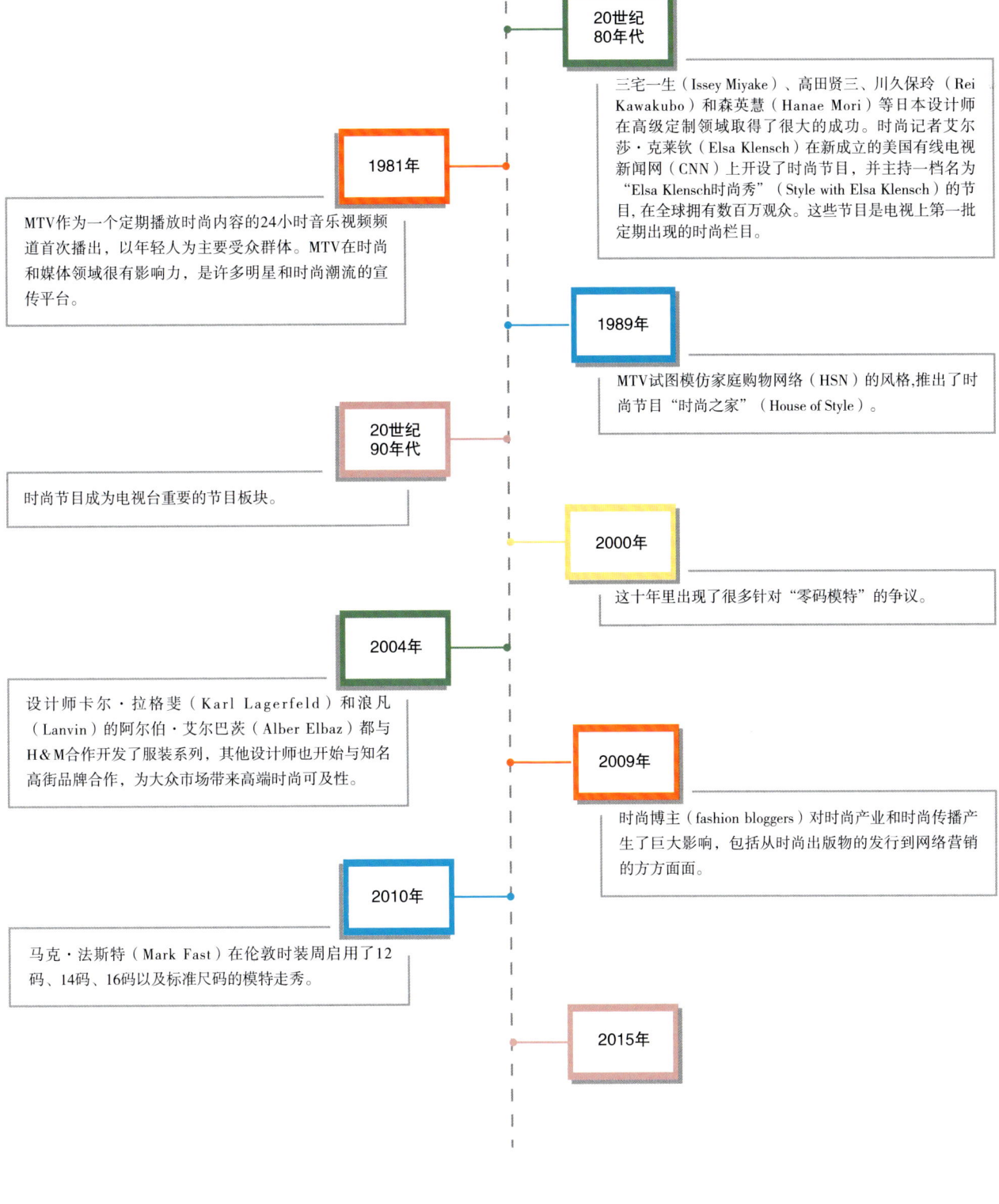

尽管高级定制对大多数消费者而言并不可得，但其为更大众化的时尚理念和潮流趋势铺平了道路，巴黎作为全球"时尚之都"的地位也依然无法撼动。我们正经历着全球财富和创造力的分布变化，同时也见证着新的、各具特色的"时尚中心"的崛起（图1-2）。

"高级定制是一代又一代设计师间的耳边密语……如果成衣是按标准化的尺码制作，高级定制则可以顺应和消除个体形象的缺点。"

——伊夫·圣·洛朗（Yves Saint Laurent）

图1-2
香奈儿在巴黎时装周发布的2014～2015秋冬高定系列。
香奈儿是知名高定品牌，是巴黎高级时装公会的一员。
© Pascal Le Segretain via Getty Images

供应链（Supply chain）

供应链是将产品或服务从供应商转移到客户这一过程中所涉及的由机构、人员、技术、活动、信息和资源组成的系统。供应链活动将自然资源、原材料和零部件转化为交付给最终客户的成品。

成衣（Ready to wear）

成衣是具有服装属性或与服装相关的纺织品，以标准尺码的成品进行销售，常指设计师服装。

"ready to wear"一词源于法语的"prêt-à-porter"，有"现成的"之意，中文通常译作"成衣"。成衣的要素有两个：一是制成的服装能够直接穿着；二是服装是依照适合大多数人的标准尺码进行生产的，不用经过大的改动就能穿。

工业革命促进了服装在材料和结构方面的创新和技术进步，缝纫机技术的发展让服装在价格下降的同时质量有所提升。制衣业的进一步发展缩小了手工制衣和机器制衣在价格和质量上的差距。由于节省了时间，客户更愿意购买服装而不再是亲自动手制作。

如今，为了保证低成本，设计师使用标准板样、机器设备和效率更高的工艺技术来生产成衣。面向成衣（RTW）市场设计的服装在面料、剪裁和整理等方面都保持高水准。尽管不是定制的，但是很多成衣系列都是独家发布甚至限量发售的，因此价格仍然昂贵，但不像高级定制那样高不可攀。成衣系列比高级定制时装系列更具潮流领导性，而且通常也会在T台上展示概念性的设计单品以吸引国际媒体的关注。

21世纪初，许多设计师仍然遵循传统的服装构造和设计理念，并按巴黎高定时装屋设定的传统，在发货前6~8个月展示新的时装系列。然而，也有一些设计师在9月和10月展示来年1~3月上市的春夏系列，在2月和3月展示7~9月上市的秋冬系列。同时，新的模式也正在发展。例如，换季时期的"度假"和"早秋"系列分别在隆冬和仲夏销售，并时有其他过渡系列发布（图1-3、图1-4）。

成衣价格远低于高级定制时装，并且有标准尺码，这使其更适合大规模生产。然而，时装发布

图1-3
Jen Kao 2012春夏系列。
美国成衣设计师Jen Kao以创新的剪裁工艺、错综复杂的皮革接缝和试验性的针织衫而闻名。
© Mike Coppola via Getty Images

图1-4
薇薇安·韦斯特伍德（Vivienne Westwood）2010春夏系列。
薇薇安·韦斯特伍德从事成衣设计已超过30年，被誉为20世纪最有影响力的英国设计师之一。
© Patrick Kovarik via Getty Images

会、广告、精妙的设计、面料、剪裁和生产所需要的成本都很高。这些因素会影响和降低生产中的成本效益,从而决定了成衣的高价位。

大规模生产

19世纪末期,技术的快速发展让成本最低、工业化程度最高的大规模生产得以实现。历史性的技术创新,如缝纫机、拉链和合成纤维的发展,对服装的制作方式、外观和性能产生了深远影响。然而,直到第二次世界大战后,大规模生产才真正取代了高级定制。今天,大规模生产的服装可以和高级时装一样优秀,特别是与特邀设计师合作的高街系列。自卡尔·拉格斐十多年前首次与H&M设计了联名服装起,"高端"与"大众"的联名一直是时装设计师和零售商强有力的营销策略。这些服装系列通常使用便宜的面料和简化的工艺结构来实现"价廉物美"(图1-5)。

这个市场领域的时装设计师结合流行趋势和已发布的成衣系列进行设计,以确保服装的快速销售。这种模式及其产品被称为"快时尚"(fast fashion)。1997~1998年,高街时尚对于消费者来说变得乏味,无法引起消费者的共鸣,而这段时间里,"快时尚"成为服装零售业的流行词。西班牙零售服装连锁店Mango于此期间在英国首次亮相。得益于垂直整合的模式,这些品牌从设计到成品再到上架销售的周期又短又灵活。今天,Primark等快时尚公司可以在极短的时间内就生产数百万件服装。

"科技是90年代的时尚,它影响着每一个人,每个人都对它感兴趣——要么是因为害怕落后,要么是因为他们真的需要科技。"
——杰伊·恰特(Jay Chiat),广告设计师

> **快时尚**
> "快时尚"指买得起的基础款服装和用后即弃的时尚服饰,也用于描述根据最新流行趋势生产服装系列的模式。

> **垂直整合**
> 一个公司在一定程度上拥有或能在一定程度上控制其供应商和分销商的程度。

图1-5 Inditex集团。
Inditex集团旗下品牌包括Pull & Bear、Massimo Dutti、Bershka、Stradivarius、Oysho和Uterqüe,拥有100多家从事纺织品设计、制造和销售的公司。该集团的成功得益于其独特的商业模式和高效的供应链,使其产品能够快速周转和适应不断变化的市场需求。
© Bloomberg via Getty Images

科技的影响

在过去的几十年里,时尚界发生了很多变化。科技颠覆了整个时尚产业,既让更广大的消费者能够接触到各类时尚产品,也让设计师和零售商面临更大的挑战。全球经济正向知识经济的方向发展,思想、图像和信息的经济地位越来越重要,企业内部的创新速度也因此提高。时尚产业不得不变得更加灵活,以便能快速应对新机遇和开发新创意。科技一直是改进和变革的主要因素,包括面料技术、计算机辅助设计(CAD)、改良的结构工艺,还有不可或缺的互联网。

互联网

在过去的20多年里,互联网极大地影响了消费者与时尚和服装品牌之间交流和互动的方式。在19世纪中期,即便是最偏远地区的消费者也可以通过零售商的邮购目录发现服装品牌。此后的100年时间里,争取消费者的有效途径又增添了杂志和电视广告。而在过去的20多年里,时尚消费者则一直在通过计算机和互联网与品牌和设计师建立联系。

如今,时尚消费者可以使用计算机或手机搜索他们最喜欢的设计师、品牌或零售商,并在几分钟内订购他们想要的产品。移动通信、社交媒体等技术和平台的快速发展,让时尚品牌越发触手可及。

正如曾率先使用传统营销工具进行推广,时尚产业也是第一个采用社交媒体作为营销工具的产业。通过紧紧"拥抱"社交媒体,时尚品牌找到了全新的视角和更宽广的平台来展示自己。这不仅有助于线上业务增长,还有助于与客户建立信任和理解。几乎每个时尚品牌现在都活跃于社交平台,还没有出现在社交平台的品牌仅占极少数。

时尚博客(Fashion blogs)

时尚博客自21世纪初首次出现以来,发展十分迅速。据媒体报道,一些时尚博客十分有利可图,并且在业内的影响力越来越大。社交媒体已成为我们日常生活中的一个重要部分,随处可见。人们通常从查看自己的脸书(Facebook)、推特(Twitter)等社交媒体账号开始新的一天,临睡前也要再翻看一遍才能入眠。

社交媒体

社交媒体基于网络和移动技术让使用者以互动对话的形式进行交流,包括博客、网站或应用程序等多种形式,如脸书、推特等。

博客

"博客"一词源自术语"网络日志",是一种网站类型。时尚博客专门或主要致力于发布时尚和流行趋势的相关内容。

个人风格日记网站"我们穿什么"（We Wore What）的创办人是一位美国姑娘丹妮尔·伯恩斯坦（Danielle Bernstein），她是一名成功的时尚博主，从Instagram上赚取了巨额财富。

2015年，伯恩斯坦接受了美国版《时尚芭莎》的采访，当时她在Instagram上拥有99.2万名粉丝。这意味着她的每个推广内容，比如一篇发在Instagram上的帖子，价值5000～15000美元（合35791～107373元人民币），具体价格取决于交易条款。这次采访让她的粉丝数达到了100万，这意味着她的推广价格又可以上涨可观的幅度。随着主流媒体对其的认可，时尚博客已经从一种爱好发展成一种切实可行的商业模式，也成了一种常见的时尚媒体。

有了这样的关注度和正规性，线上营销自然开始将这些网络平台视为营销工具。随着线上业务的增长，市场营销人员越发忙于制定新的市场策略。为了扩大规模并获得客户的青睐，时尚企业正不断思考提高社交媒体曝光率的新方式。因为在当今社会，拥有完备而有效的社交媒体营销策略对于任何一家拥有线上业务的公司来说都是极其重要的。

与消费者建立联系

设计师和博主之间的交流加强了消费者和品牌间的联系。在互联网出现之前，时装发布会通过电视转播，并经媒体渲染，是令人叹为观止的盛宴，但从时装发布会举办到被消费者看见之间有较长的延迟。如今，各大品牌都意识到，他们的客户正在以从未有过的速度消费时尚，而社交媒体在其中发挥着推波助澜的作用。不仅时尚报道是即时发布的，还有越来越多的时装发布会在互联网上直播。在2010年的伦敦时装周上，时装发布会第一次通过现场直播的方式向大众展示。自此，原本专属于少数人的时尚盛事变得对每个人来说都触手可及。

2015年，博柏利（Burberry）与推特合作，向推特用户提供为博柏利伦敦时装周发布会直播现场拍照的机会。通过在平台上发布带"Tweetcam"标签的推文并@博柏利在推特上的品牌官方账号，用户就会触发相机从最佳角度拍下一张发布会现场的即时照片。然后，博柏利会把每张照片注上"摄影师"的推特账号名，打上这个特别时刻的"烙印"，再将照片用推特推回给他们。

伦敦时装周上的表现让博柏利公司以超前的数字化策略和出色的社交媒体互动能力而闻名。其实，此前博柏利就已与推特开展了多项合作。2012年，博柏利在推特上直播了春夏系列服装发布会。2014年9月，博柏利又通过推特平台上的"立即购买"（Buy Now）功能销售其产品。

时尚应用程序

过去十年中，移动通信技术在很大程度上改变了时尚传播的方式。自智能手机问世以来，品牌的最新消息可以渗透到我们工作和生活的每个角落，彻底改变了我们与时尚的联系方式。时尚产业和消费者的购物习惯正在随着互联网的发展不断变化和发展，智能手机用户仅在美国就增长到3780万，时尚营销连接和"拥抱"移动设备变得至关重要。

2014年，科技新闻的报道里充斥着有关通信应用程序的探讨。人们本以为随着WhatsApp被脸书收购以及Snapchat的用户超过2亿等事件的发生，通信应用程序应是增长最多的领域。然而实际上，在市场上占主导地位的是Snapchat、Instagram和微信的购物应用程序。购物应用程序也是移动应用程序市场中增长最快的领域。2014年，人们在手机应用程序上购物的时间增加了77%，而2015年又大幅增长了174%（图1–6）。

今天的消费者见多识广，并且同时在线上和线下渠道活跃，品牌必须跟上这种节奏，才能向消费者提供符合他们兴趣的产品。速度至上的时代已经一去不复返了，客户服务变得尤为重要，因为客户可以随时在各种社交平台上分享自己的购物体验，而这影响着品牌的销量。如今的应用程序旨在满足那些时间紧迫，想要边走路边购物的忙碌的消费者。这些应用程序可以基于以往的购物记录，让消费者迅速找到品牌进行消费，过程简易且轻松。这既方便了消费者，又帮助品牌建立了消费者忠诚度。

图1–6
时尚应用程序。
在过去十年中，不断进化的时尚应用程序是时尚传播方式的一个重要改变。2017年4月，英国奢侈品电商发发奇（Farfetch）在伦敦设计博物馆展示了其平台最新的应用程序，这个程序可以让客户在90分钟内收到刚下单的古驰（Gucci）产品。
© Bloomberg/Contributor via Getty Images

那接下来还会发生什么呢？时尚购物程序将影响时尚产业的所有领域，包括对电商持保留态度的知名奢侈品牌。目前芬迪（Fendi）等品牌正在通过推出电子商务平台提供全方位客户体验。

高科技时尚

高科技时尚利用先进的科学技术来设计和生产时尚产品，涉及化学、计算机科学、航空航天工程、汽车工程、建筑、工业纺织品和竞技运动服等领域。时尚产业代表着迅速变化和超前思维，为应用最新的生产技术和科技面料提供了良好环境。随着科技与人们日常生活的进一步融合，它对时尚的影响也在不断增加。

"如今，要想掌握时尚的脉搏，你需要将一只手放在鼠标上，阅读或撰写最新的博客。"
——凯伦·凯（Karen Kay），时尚记者

科技面料

科技面料包含为特定功能或外观而设计制造的纤维、纺织品和纺织品整理剂。在英国设计师索菲娅·路易丝（Sophia Lewis）看来，"时尚产业未来最大的潜力在于通过采用先进合成材料的实验性时尚，来推广新的美学理念和服装构造方法"。20世纪的大多数合成材料都是为了仿制天然纤维而开发的，而今天设计和制造合成材料的目的是让面料在轻盈、透明或有弹性的同时能够结实和耐用。通过以新方式混合天然纤维与合成材料得到的"科技天然纤维"，可以提升纺织品的美学表现和性能优势（图1-7）。

计算机辅助设计（CAD）

20世纪80年推出的计算机辅助设计软件，如Photoshop和Illustrator，彻底改变了包括服装行业在内的所有设计行业。计算机辅助设计不能完全取代人的工作，但它可以帮助拓展时尚创意和提高生产效率。计算机辅助设计软件已被应用在包括设计、销售和推广在内的时尚产业所有领域。

3D打印技术的发展让3D打印服装成为高级定制秀场上常见的一道风景线，荷兰时装设计师艾里斯·范·荷本（Iris van Herpen）就是其中的代表人物。设计师们还在不断进行着新的尝试与合作。例如，奥地利建筑师朱莉娅·克尔内尔（Julia Körner）在与荷本合作开发数字化服装后，现在正致力于将设计复杂的服装的生产日常化。在她看来，这非常激动人心。

克尔内尔认为，可用于3D打印、灵活性更大、密度变化更丰富的材料的发展，正让数字化制衣走出高级定制的范围，应用于更多实用性服装的生产中。她还认为，科技为时装设计带来了令人难以置信的优势，特别是对成衣来说，因为人们现在已经可以定制完美合身、无须反复试装调整的服装。

图1-7
艾里斯·范·荷本。
巴黎时装周上的艾里斯·范·荷本2017秋冬时装系列，该系列的许多作品是通过复杂的激光切割和热黏合工艺制作而成。
© Victor VIRGILE/ Gamma-Rapho via Getty Images

人体扫描和3D建模技术让设计与人体的贴合日趋完美，并且微调一下代码就可以让设计适应各种变化。这一自动化流程掀起了成衣定制的潮流。

全球化、道德时尚和可持续发展

全球时尚产业正越来越多地受到全球文化和生活方式的影响。例如，西方化的时尚理念已经渗透到其他文化中，西方的设计师风格和服装款式正在被复制，并在越南等国家被大量生产，这些服装可以出口到世界任何地方。

这个全球化的市场为消费者提供了更丰富的产品，让制造商有了更多的选择，也使服装价格因为竞争保持在较低的水平。一方面，日益增强的国际联系促进了文化交流，使我们能够更多地了解不同类型的文化和时尚偏好。另一方面，全球化突显了时尚产业对社会和环境的影响。例如，全球化导致了欧洲服装制造业的衰落，因为服装生产被外包到劳动力成本低廉的地区。

当今的主流时尚产业发展依赖于全球化的大规模生产，服装在几周内就从设计阶段转变为零售阶段。消费者难抵衣服又时尚、又便宜的诱惑，购买数量往往远超实际所需。然而，过度消费的背后是环境的改变和供应链中工人付出的努力。

考虑到时尚产业对全球资源的影响，今天的设计师和零售商们正逐渐开始以一种更负责的态度开发和生产产品。顾及工人安全和环境问题的"道德时尚"正变得越来越重要。

一种新的生产模式即"慢时尚"正在兴起。顾名思义，"慢时尚"旨在通过改变从农民到设计师、制造商、消费者的整个供应链的做法和态度，来减缓生产和消费的节奏。"慢时尚"一词由凯特·弗莱彻（Kate Fletcher）于2007年提出。慢时尚是一个可持续的时尚运动，发展势头正在不断增强，试图将时尚产业生产的速度减缓到一个更可持续发展的节奏。简而言之，与强调快速生产、迅速上新和过度消费的快时尚不同，慢时尚提倡高品质生产、经久耐用和理智消费。

正如伦敦可持续时尚中心（Centre for Sustainable Fashion）的负责人迪莉斯·威廉姆斯（Dilys Williams）教授所说："慢时尚不仅是放缓时尚过程，时尚代表着时间、空间和环境塑造的身份。慢时尚，是在对真正的时尚致敬。"

时尚和科技的融合与发展遍布时尚界各个领域，同时影响着供应商和消费者。产品销售、趋势研究和库存管理等工作几乎可以在任何地点完成，而且决策者可以实时看到效果如何。科技已经改变并且还将不断改变着时尚产业。

"慢时尚不仅是放缓时尚过程，时尚代表着时间、空间和环境塑造的身份。慢时尚，是在对真正的时尚致敬。"

——迪莉斯·威廉姆斯，伦敦可持续时尚中心负责人

有影响力的设计师与全球时尚品牌

20世纪，出现了许多富有创造力的设计师和品牌，他们拥有惊人的想象力、毋庸置疑的才华和勃勃的雄心。以下是几位在过去的一百年里最具影响力的时装设计师，顺序不分先后。

20世纪初的时尚风云人物包括：加布里埃·香奈儿，她是高档、精致、品位独特和风格鲜明的代名词；比尔·布拉斯（Bill Blass），他因现代的、实用的、剪裁精良的服装而被人津津乐道；克里斯汀·迪奥（Christian Dior），他在1947年发布了"新风貌"（New Look）服装系列。

世界各地的奢侈高级定制品牌深深影响着整个时尚界。他们是时尚界真正的潮流引领者、明星和魔术师，可以毫不费力地让荒诞变得迷人。这些品牌为客户创造的不仅仅是衣服、鞋子或箱包，他们创造的是艺术品。这些品牌的身后是众多业内传奇人物：卡尔·拉格斐（图1-8）、马克·雅可布（Marc Jacobs）、多纳泰拉·范思哲（Donatella Versace）、弗里达·贾娜妮（Frida Giannini）、伊夫·圣·洛朗、奥斯卡·德拉伦塔（Oscar De La Renta）……对完美和卓越的不倦追求让他们深受尊敬与爱戴。下面，我们就来逐一了解一下那些对时尚产业产生了深远影响的设计师和奢侈品牌。

设计师

伊夫·圣·洛朗是20世纪最著名的设计师之一，因在20世纪60年代推出成衣的概念而备受赞誉。乔治·阿玛尼（Giorgio Armani）是意大利有史以来最成功的设计师之一，致力于对男装的革新。拉尔夫·劳伦（Ralph Lauren）创立的同名品牌可以说是美国最广为人知的时尚品牌。在品牌的初始系列中，不仅有经典的男士粗花呢西装，还有特意为女性剪裁的粗花呢西装。美国设计师唐纳·卡兰（Donna Karan）以其设计的服装满足了现代女性所需而闻名。1985年，她推出了自己的"简约"（Essentials）系列，包括7款每位女性都应该拥有的简约单品。意大利设计师缪西亚·普拉达（Miuccia Prada）于1978年接管了家族的奢侈品事业，并将其发展成一家"时尚巨头"企业（图1-9）。薇薇安·韦斯特伍德在20世纪70年代为我们带来了朋克时尚，并且还在一如既往地设计叛逆、前卫的时装。说到影响深远的设计师，当然还少不了亚历山大·麦昆（Alexander McQueen），他以标志性的时尚风格

图1-8
卡尔·拉格斐。
拉格斐是一位德国设计师，1983~2019年一直担任香奈儿的创意总监，同时也为自己的同名品牌和意大利品牌芬迪设计服装。
© Andrew H. Walker via Getty Images

和华丽的设计而被人称赞，也因在20世纪90年代中期让低腰牛仔裤流行而闻名。

概念设计对现代时尚风格有着深远影响。1982年，包括三宅一生、高田贤三、山本耀司（Yohji Yamamoto）和川久保玲在内的约12名日本设计师在巴黎举行了时装发布会，让日本设计给时尚界留下了深刻印象。"日式时尚"（Mode Japonaise）的独特廓型和素雅色调对当代时尚产生了巨大影响。

"安特卫普六君子"（The Antwerp Six）是时尚界对几位有影响力的先锋时装设计师的尊称，他们都于20世纪80年代初毕业于比利时的安特卫普皇家艺术学院（Antwerp's Royal Academy of Fine Arts）。这些设计师在20世纪80年代提出了一种独特的、前卫的时尚愿景，一举让安特卫普成为概念时装设计的中心。

这些最有影响力的设计师都拥有自己的态度，勇于挑战规范，个人风格鲜明。他们的设计前卫又经得住时间的考验，启发着一代又一代的设计师们。

全球五大奢侈时尚品牌

阿玛尼：这家意大利国际时装公司由乔治·阿玛尼和塞尔吉奥·加莱奥蒂（Sergio Galeotti）于1975年创立，产品范围广泛，主要包含高级定制、成衣、珠宝首饰和家居内饰。旗下众多的子品牌让其成为一个在各产品领域拥有傲人市场份额的商业品牌。

香奈儿：这个品牌受到世界各地女性和男性的认可，从玛丽莲·梦露（Marilyn Monroe）的

图1-9
缪西亚·普拉达。普拉达（Prada）由马里奥·普拉达（Mario Prada）于1913年创立，最初是一家皮具公司。图中是他的孙女缪西亚·普拉达，摄于2016年。缪西亚在1978年接手了家族企业，并于1989年首次推出女装成衣。
© Mike Coppola via Getty Images

香水，到帕丽斯·希尔顿（Paris Hilton）的太阳镜，香奈儿多年来一直在设计师时尚领域发挥着重大作用。

路易威登（Louis Vuitton）：这家法国时装公司成立于1854年，专注于生产带有著名"LV"字母组合标志的豪华行李箱和皮革制品，此外还生产成衣、鞋履、手表、珠宝、配饰和太阳镜等产品。路易威登在全球高端百货公司设有精品店，是当今时尚界有着领先地位的国际时装公司之一。

迪奥（Dior）：法国奢侈品公司迪奥由设计师克里斯汀·迪奥创立于1946年。如今，除知名的高级定制服装外，迪奥还设计和销售成衣、皮具、珠宝、鞋履、时尚配饰、手表、香水、化妆品和护肤产品。尽管迪奥主要为女性客户服务，但也有"迪奥·桀傲"（Dior Homme）男装系列和"Baby Dior"童装系列。

博柏利：博柏利是一个英国的奢侈品牌，以服装、时尚配饰和香水闻名。最令博柏利闻名遐迩的是由品牌创始人托马斯·博柏利（Thomas Burberry）于1912年设计的"战壕风衣"（trench coat），品牌独特的格纹图案已成为其标志。

全球五大零售商

第一毛织株式会社（Cheil Industries）：第一毛织株式会社最初是一家纺织品公司，成立于1954年，于1989年进军时尚界。20世纪80年代，这家总部位于韩国的快时尚公司将经营领域拓展到化学工业，并于20世纪90年代进一步涉足电子材料行业。尽管其产品线多元而独立，该公司目前仍是世界领先的时尚公司之一。第一毛织株式会社率先采用了"实时生产系统"（JIT），极大减少了服装生产过程所需要的时间。目前，该公司管理的时尚品牌遍布亚洲，包括Bean Pole International、8 seconds和10 Corso Como。

2015年，第一毛织株式会社与三星公司合并，并借助三星的品牌声誉、国际影响力、业务领域及技术获得了进一步发展。截至2016年5月，该公司已拥有3700名员工，实现收入119亿美元。

盖璞（Gap）：1969年，住在旧金山海洋大道的唐纳德·费舍尔（Donald Fisher）和妻子朵丽丝（Doris）创立了盖璞。最初的投资为6.3万美元，仅在2年后就创下了200万美元的惊人销售额。盖璞公司很快就开始大力拓展国内市场，到1973年已经是一家拥有25家门店的公司。接下来的几十年里，该公司在费舍尔家族的领导下拓展国际市场，使盖璞成为今天的"零售巨头"。盖璞公司旗下有5个国际品牌——盖璞、香蕉共和国（Banana Republic）、阿仕利塔（Athleta）、老海军（Old Navy）和Intermix，并在90个国家经营着3300多家门店和400家特许经营店。现在费舍尔家族持有公司43%的股份，但不再主导公司的日常运营。

迅销公司（Fast Retailing Co.）：时尚零售商迅销公司的总部位于日本，以旗下品牌优衣库而闻名，其起源可以追溯到1949年。起初，裁缝柳井等（Hitoshi Yania）创立了一家名为"小郡商事"（Ogori Shoji）的男装店。1972年，他的儿子柳井正（Tadashi Yanai）结束了在超市销售厨具和男装的工作，加入了父亲的店铺。1991年，迅销公司在日本证券交易所上市，并被认为是日本增长最快的零售商。如今，该公司的年营业额高达173.1亿美元，在美国商业杂志《福布斯》（Forbes）评选的"全球最具创新力企业百强"榜单上名列第41位。

H&M：H&M是全球第二大时尚零售商。

H&M（原名Hennes）由埃尔林·佩尔森（Erling Persson）于1947年在瑞典韦斯特罗斯创立。公司最初只销售女装，在收购了男装品牌Mauritz Widforss后增加了男装产品线。此次收购后，"Hennes"更名为"Hennes & Mauritz"，并在进一步拓展国际市场时改为更容易发音的"H&M"。如今，H&M公司旗下拥有H&M、COS、Cheap Monday、Monki和Weekday等多个国际品牌，并在全球60多个国家经营着4300多间门店。此前，佩尔森的儿子斯蒂凡担任公司的董事会主席，斯蒂凡的儿子卡尔·约翰（Karl-Johan）担任总裁兼首席执行官（现在均已换人和职位）。

Inditex：这家公司作为时尚品牌Zara的母公司而被人熟知。Inditex是全球最大的时尚集团，年营业额高达232.7亿美元。这家家族企业创立于西班牙。1975年，阿曼西奥·奥尔特加（Amancio Ortega）与妻子罗萨莉娅·梅拉（Rosalia Mera）创办了一家名为"Zorba"的小型时装零售店。因为有其他公司也叫"Zorba"，所以服装店被迫更名为"Zara"。20世纪80年代，该公司通过在生产过程中采用新模式显著缩短了设计、生产和交货所需的时间，从而取得了突破性的发展。Inditex集团旗下还拥有大量其他品牌，包括Zara Home、Bershka、Massimo Dutti、Oysho、Pull and Bear和Stradivarius，并在全球91个国家拥有7000多家门店。

案例研究：博柏利

社交媒体与数字技术

博柏利是英国的奢侈时尚品牌，以创始人托马斯·博柏利（Thomas Burberry）原创的战壕风衣和格纹衬里而闻名（图1-10）。博柏利已经在服装行业屹立了160多个年头，如今其包袋、鞋履和手表等时尚配饰，以及深受欢迎的香水产品同著名的战壕风衣一样知名，而其运用数字科技和社交媒体与客户互动的方式又让它被誉为"最精于新科技的公司"。

安吉拉·阿伦茨（Angela Ahrendts，于2006～2014年担任博柏利品牌的首席执行官）和克里斯托弗·贝利（Christopher Bailey，于

"每一天都是从抱着电子设备浏览信息开始的，这就是当下客户的生活方式。"

2004～2017年担任博柏利品牌的创意总监）带领着博柏利不断创造性地试验和整合新科技，开辟新领域，让品牌赢得了"数字先驱"的美誉。

博柏利所有的社交媒体账户都保持着高度的一致性，并以令人惊叹的方式运用科技和数字技术与客户交流。通过为"粉丝"创造社交媒体独有的体验，如直播服装发布会和推出通过社交媒体平台同步购买发布会新款等举措，博柏利开拓着时尚与科技融合的新方式，引领着品牌与粉丝互动的发展方向。品牌甚至创建了自己的社交媒体网站"战壕艺术"（art of the trench）。博柏利已完全将社交媒体作为一种接触客户和粉丝的工具使用，品牌营销预算的60%都花在了数字营销上。

策略

博柏利被誉为当今市场上最富有创新性的奢侈时尚品牌之一。

2009年，博柏利创建了脸书账号，成为首批这样做的奢侈品牌之一。博柏利在脸书平台上分享时装发布会、时尚活动和时尚资讯等内容，到2016年为止已经积累了超过1800万粉丝。脸书让粉丝的参与度达到了前所未有的高度，品牌发布的每篇帖子平均能获得2000～50000个"赞"。其中最受关注的是有布鲁克林·贝克汉姆（Brooklyn Beckham）参与和出镜的推广活动和照片，收到超过10万个赞并且被用户分享1300多

图1-10
战壕风衣。
博柏利是当今最畅销并且最懂得运用科技的品牌之一，其独特的格纹一直是被模仿最多的标志性图案之一。品牌以托马斯·博柏利于1912年设计的战壕风衣而闻名。
© Henry Guttmann/Stringer via Getty Images

次。虽然脸书用户是其最大的受众，博柏利同时也在使用推特、Google+、Instagram和Pinterest等社交媒体与客户互动。品牌线上旗舰店有5种语言版本，向40多个国家和地区销售产品。同时，客服有14种方言可供选择，客户可以通过即时聊天或即时通话与客服在线沟通。

博柏利在所有社交平台上都保持主题一致，所有平台虽然不同，但发布内容是相似的。博柏利的品牌经理深谙发布什么内容可以发挥平台的最大优势，如脸书用来直播时装发布会，Instagram用来上传品牌精致的照片，推特用来加强互动与提升用户参与度。

推特

在伦敦时装周期间，博柏利的推特账号（@Burberry）尤为活跃，平均每天要推更5条新信息。博柏利经常在推特上展开营销互动，力求让品牌形象在社交媒体上脱颖而出，因此推特可以说是博柏利营销效果最为显著的平台。2015年，博柏利与推特合作，粉丝推送带有"Tweetcam"标签的文章并@博柏利在推特上的品牌官方账号，就可以获得线上抓拍博柏利伦敦时装周女装发布会现场照片的机会。但最受欢迎的帖子通常是最新发布的产品系列，往往会有100～200次收藏和约5000次转发。同样受欢迎的还有克里斯托弗·贝利在伦敦时装周上接待明星的相关推文，如和名模卡拉·迪瓦伊（Cara Delevingne）、娜奥米·坎贝尔（Naomi Campbell），以及歌手萨姆·史密斯（Sam Smith）的合影等，都收到了1300多次收藏和500多次转发（图1-11）。

图1-11
社交媒体。
在伦敦时装周期间，博柏利在推特上最为活跃，不断推送秀场照片及克里斯托弗·贝利与女演员兼模特卡拉·迪瓦伊等明星的合影。
© Stuart C. Wilson via Getty Images

> 方言（Dialect）
>
> 方言是一种特定地区或社会群体所特有的特殊语言形式。

"你不能在开始直播时装发布会后还沿用以前的方式做其他事情。"

脸书

博柏利在社交媒体上的成功很大一部分归功于其创意总监克里斯托弗·贝利的个人营销方式。博柏利从一开始就决定让贝利成为品牌在脸书上的代言人。在新系列即将发布的倒计时的时间里，粉丝可以通过脸书在线看到贝利在设计工作室和发布会后台与他们交谈。贝利也会在脸书上与粉丝直接交流，而当品牌在脸书上获得了一定的关注度，如获得了1500万个赞时，在平台上亲自向粉丝表示感谢的也是他。作为首席创意总监，他的手写笔记经常出现在脸书、推特或Instagram等平台上。

有福利的推广活动往往是最有效的，如为粉丝提供独一无二的体验活动。例如，瑞典"家具巨头"宜家家居（IKEA）曾策划了一个邀请客户在英国的门店过夜的活动，有100名脸书粉丝接受了活动邀请，他们可以睡在自己选择的床上，还有热可可和电影相伴。这个创意让每天都接触繁杂信息的粉丝能够将关注点聚焦在宜家的产品和服务上。博柏利采取了类似的策略，通过设计师亲手撰写的请帖向脸书粉丝发出邀请。

然后，社交媒体的营销团队会跟进直播不同发布会和时装系列的幕后花絮。这种巧妙的方式确保了这些活动能够在最大程度上提高品牌曝光率和产生市场影响。

成效

博柏利对数字化的持续关注使其成为世界上最受欢迎和最受推崇的品牌之一，销售额呈现惊人的增长，以近14%的幅度在奢侈品市场遥遥领先，表现持续超越竞争对手，股票价格也在飙升。

"无论是汤博乐（Tumblr）、Instagram、推特、脸书还是博柏利官网，问题在于我们如何整合这些平台和确保内容的和谐、统一。"

——克里斯托弗·贝利

本章小结

本章探讨了时尚产业的历史和演变进程，并对博柏利进行了案例研究。博柏利是最具影响力的全球时尚品牌之一，既拥有悠久的历史，又在运用数字技术与消费者建立联系方面走在前沿。理解科技与未来时尚的关系和对未来时尚的重要性，是成为时尚管理专业人才的关键一环。以下内容将测试你对案例研究的理解以及对本章知识的应用能力。

第1章介绍了时尚产业的演变进程，以时装行业的发展为背景，从市场的角度讨论了一些让时尚产业发展成今天这个庞大的重要产业的关键影响因素和代表人物。

时尚产业的不同层级各有各的重要性，为自己的目标市场制作和生产符合客户消费水平和需要的时尚产品。迅速发展的科技让时尚变得触手可及，吸引着更多人关注时尚并购买他们想要的产品。同时，慢时尚和新的时尚商业模式也在兴起，时尚产业在不断创新。

时尚产业一直在高速发展着。在过去的几年里，品牌将新技术应用在了包括设计、制造、销售和传播在内的多个领域。无论设计师是确实乐在其中还是不得不承认其重要性，围绕品牌打造一个媒体平台已经不可或缺。现在，粉丝追踪着品牌动态，与品牌的互动前所未有的活跃，品牌也得以了解自己的受众。但这不仅仅是发布一些精美的照片那么简单，产品还是必须有说服力才行。

我们见证了社交媒体策略在时尚产业的发展，并认识到领导者的行为方式和个性同产品一样重要。正确使用社交媒体可确保每一条经过深思熟虑的推文、帖子和照片都是品牌建设（brand-building）的一部分。不管是时尚新星还是博柏利这样的奢侈品品牌，运用好社交媒体已经是品牌成功的关键。

我们需要面对一个事实：社交媒体主要以视觉形式传播，因此可能没有任何其他行业比奢侈品牌和时尚领域与社交媒体的联系更紧密，受社交媒体的影响更大。

本章的案例研究概述了博柏利运用社交媒体和数字技术开展的营销活动，为了检测本章知识的学习效果，请对下面的每个问题作出简短回答。

案例研究与章节回顾

问题1：博柏利的数字战略是如何运用科技与消费者建立联系的？

问题2：设计师品牌如何在互联网保持和建立自己的形象与知名度？

问题3：讲述品牌故事的关键是什么？

问题4：当消费者被各个渠道的信息包围时，时尚品牌要怎样才能成为具有前瞻性的奢侈品品牌并脱颖而出？

自测表

1. 1803年,《牛津英语词典》中首次收录了"dressmaker"一词,"tailor"与"dressmaker"同指裁缝,二者有什么区别?
2. 时尚产业由哪四个层级构成?
3. 时尚产业分为哪三大类?它们彼此间差异是什么?
4. 科技颠覆了整个时尚产业,其对时尚产业产生的主要影响是什么?
5. 互联网是如何建立消费者与品牌之间的联系的?
6. 高科技时尚运用前沿的科学技术设计和制作时尚产品。这对生产商和零售商产生了什么有益的影响?
7. 是什么原因让时装的价格保持在较低水平?
8. 请说出本章提到的新的时尚商业模式的名称,并解释其含义。
9. 请说出5位20世纪产生深远影响的设计师和5个时尚品牌。
10. 精通科技并充分利用社交媒体与消费者进行互动的著名英国品牌是什么?

练习

时尚博客

如果你想在时尚界发展但并不想成为一名设计师，那么时尚博客不仅可以向潜在雇主证明你对时尚的态度，同时还可以让你盈利。许多学生都有自己的博客，这可以成为他们在时尚界开始职业生涯的第一步。博客也可以是一个宝贵的工具，帮助你在时尚学院的实践项目中打开思维、建立人脉，所以为什么不通过博客分享你对时尚的热爱呢？每个人都可以这样做，但也正因为如此，你必须足够聪明和与众不同才能让你的博客取得成功，而能让你脱颖而出的，正是你的热情。要记住，写博客时最重要的是要乐在其中，这样人们才会觉得读你的博客是一种享受。不要因为想写又觉得难以下笔而迟迟发不出第一篇博客，你只需要记录下内心的想法，放手一试。

第1步：注册一个好的域名和自己的主机

注册一个"主机服务"，这样你所有的博客内容都存在这个主机的服务器上。如果你想真正把博客打造成一个品牌经营下去，那你最好有一个自己的域名和博客托管，以便创建一个WordPress博客，大多数优秀的网站都是这样做的。许多主机都是免费的，并附有简单的模板，让你可以在几分钟内创建好自己的博客。注册时，你还可以为自己的博客命名。

第2步：选择合适的市场定位

你必须知道自己哪里与众不同。时尚博客数以百万计，所以如果你不做一些不同的事情，就会被埋没其中，这可不是你所希望的。你可以考虑专注于某一特定的、你最喜欢的时尚领域。例如，你可以把自己打造成鞋履或可回收时尚方面的专家，或者专门为你的同辈提供建议。选择一个合适的市场定位很可能会增加你博客的阅读量。

第3步：成为一块"信息海绵"

尽可能多地阅读，包括报纸、时尚杂志、其他时尚博客、社交媒体文章、知名和新崭露头角的时装设计师的网站、购物网站和时尚评论。将任何吸引你注意的内容保存在一个"灵感文件夹"中，以便日后参考。你永远不知道这些内容什么时候会激发你写博客的灵感。

第4步：走出去

时尚博客不是坐在笔记本电脑前就能写出来的。写博客是一项艰苦的工作，有时两三天的时间才能写出一篇博客文章，是很费脑力的工作。去参加时尚活动时，不管是时装发布会还是样品销售会，都可以打印好印有自己博主身份的名片分发出去。很快，时尚界业内人士就会邀请你参加他们的活动，并希望你在博客上为他们宣传。

第5步：关系网

要尽可能多地交朋友，不仅与你的读者交朋友，还要与比你更成熟的博主交朋友，他们可能会帮到你。这意味着你需要有一个不断加长的邮件列表，并且需要在Google+这样的社交媒体平台保持活跃。

杰米·哈克伯德（Jamie Huckbody）专访

澳大利亚版《时尚芭莎》欧洲部编辑

问：你在哪里完成的学业？你的专业是什么？

答：我1993~1997年在伦敦的中央圣马丁艺术与设计学院（Central Saint Martin's College of Art & Design）学习，主修时尚传播与推广。

问：你最初是如何进入时尚杂志行业的？

答：我的四年制荣誉文学学士学位需要有一年的业内实践经历。我的第一份工作是在薇薇安·韦斯特伍德的新闻办公室，第一天的工作内容是打扫员工厕所和厨房。然后我分别在《伦敦标准晚报》（*the Evening Standard*）和《独立报》（*The Independent*）的时尚部门实习。正是在那里，在每日时尚新闻的发源地，我真正学到了相关技能。直到毕业，我才第一次接触时尚杂志行业。我的第一份工作是在澳大利亚版*Vogue*的伦敦办事处担任编辑助理，然后成为*i-D*杂志"时尚和时尚"（fashion&fashion）特辑的栏目编辑。

问：自你毕业后，时尚界发生了什么变化？

答：自1997年毕业以来，时尚界的变化几乎可以用"天翻地覆"来形容……在我看来，并不是变得更好了。造成这种巨大变化的原因包括新消费市场的出现，LVMH、开云（Kering）等奢侈品集团的崛起，以及互联网的快速发展。自从"信息高速公路"（这是我还是学生时人们对互联网的称呼）问世以来，我们阅读、消费和与时尚品牌互动的方式发生了巨大的变化。所有这些影响意味着时尚从设计的角度来说已经退化，但在"大众化"方面取得了进步：每一个人，无论身在何处或经济条件如何，都可以接触到时尚。

问：在过去的十年中，互联网如何改变了你的工作？

答：当我刚开始担任时尚记者为《伦敦标准晚报》和《独立报》报道最新发布的时装系列时，我通过电话将我的稿件读给"抄写员"，然后抄写员通过传真将稿件发送给报纸的助理编辑检查。文字的配图需要先从摄影师手里收集一卷一卷的底片，然后赶到报社的暗房里冲洗出来。在这个过程中，我经常需要赶清晨的航班并搭乘出租车在目的地间穿梭，以及不停地跑来跑去。每篇报道都需要大量体力劳动和金钱成本的付出，而且有时一天的报纸就需要发布三篇报道，因为信息在不断更新。

这与我现在提交时尚新闻的方式形成鲜明的对比：现在我直接在智能手机中撰写文案和上传对应的照片或视频，然后通过电子邮件发送给我的编辑或上传到博客、Instagram、推特等平台上。整个过程只需几分钟，而且无数时尚读者可以立即访问，工作就这样完成了。这样做的不利影响是任何人都有可能成为"时尚评论家"，让本就饱和的媒体充斥着无厘头的意见。

问：你认为有哪些时尚潮流无论在哪个时代都不会消失？

答：人们大多都会渴望那些我称为"常识性奢侈品"的服装，如剪裁精良的西装、造型别致的小黑裙、手感良好的针织衫等。一方面，这些让着装者既看起来自然又感觉很棒。另一方面，受"自我"（EGO）和"幻想"（FANTASY）风格推动的潮流在时尚界有着重要地位。因此，也总会有那些符合"浪漫"、超级"迷人"、顶级"奢华"等潮流标签的服装，或是从历史文化与异国的风土人情中汲取设计灵感的衣服。

问：你觉得最能带给你灵感的设计师和品牌有哪些？

答：加布里埃·香奈儿、艾尔莎·夏帕瑞丽、伊夫·圣·洛朗、川久保玲、薇薇安·韦斯特伍德、约翰·加利亚诺（John Galliano），以及亚历山大·麦昆。他们是真正的"设计师"，他们重新设计了女性着装，从而重新定义了女性的地位。他们还将时尚与艺术和当代文化融合，创造富有艺术元素、打破常规的作品。

问：博柏利被誉为最精通科技与社交媒体的品牌之一。你认为其他品牌未来会如何使用科技？

答：直接与消费者建立联系，消费者数据是当今最有价值的商品。

问：对于今天想进入时尚界的学生，你有什么建议？

答：正如我一直说的，"要精通时尚"，时尚并非存在于真空中，因此学生需要接触更广阔的世界和更多影响着时尚演变的事物，包括全球经济、艺术、世界政治、科技，以及"时代精神"（the Zeitgeist）。

第2章

流行趋势预测

时尚产品的交付周期较长，因此设计师仅了解当下趋势是远远不够的。专业的趋势预测机构能够帮助设计师展望未来，并尽可能地提高产品的受欢迎度和盈利能力。

本章学习要点：

- 了解设计师和买手等时尚专业人士如何通过流行趋势预测来帮助自己为新一季生产和采购将会流行的产品。
- 了解当今时尚企业如何运用丰富的流行趋势信息并从中提炼出未来战略。
- 学习趋势预测机构如何通过调研艺术、设计、科学、技术及社会经济学等广泛领域来确定下一个流行趋势。
- 学习对商业设计师和零售商有重大意义的时尚理论。
- 了解流行趋势预测的意义，以及时尚产业如何运用趋势信息开发产品。

左侧图
趋势预测。
时尚预测是时尚产业的关键情报，涉及对消费者生活方式和文化的研究。
© Mods Perch via Getty Images

流行趋势预测

流行趋势预测

设计师和买手等时尚专业人士通过流行趋势预测来帮助自己生产和购买预计在即将到来的一季中会受欢迎的产品,用于预测客户的行为方式以及他们将来想要购买的产品。时尚预测是一个复杂的、长期的过程,需要深入地进行研究、观察和应用,绝不是简单的猜测。正确的趋势预测对商业成功来说是无价的,许多公司已经将给消费品制造商预测未来消费趋势作为自己的业务。趋势信息的来源以及对各领域的关注度会有所不同,这些内容取决于公司的预测策略及其目标市场。

> 你知道"潮流引领者"(trendsetter)和"时尚引领者"(trendy)这两个词是分别在1960年和1962年才被创造出来的吗?

时尚预测行业相对较新,其第一次出现可以追溯到19世纪。

> "趋势"一词在19世纪被广泛使用,并倾向于指代任何事物发生变化的方式。例如,纺织行业用这个词来指代设计风格的变化。但在1960年以前,它的使用通常仅限于科学和商业领域。1960年,媒体和公众才开始使用这个词。
> ——威廉·海厄姆(William Higham),《下一轮趋势》(The Next Big Thing)

海厄姆表示,第一家流行趋势咨询公司Tobe联合公司(Tobe Associates)于1927年成立。1928年,许多时装设计师聚在一起组建了"时尚协会"(the Fashion Group),定期发布流行趋势报告,为多家时装屋提供参考,并允许不同的设计师同时使用相同的趋势信息。时装屋发现使用这些趋势信息可以让其销售额增加,于是开始更多地使用流行趋势报告。最终,流行趋势预测发展为交易会和展会的形式,并出现了Infomat和Promostyl等国际化的预测公司。

20世纪90年代,趋势预测公司和趋势信息报告越发流行,很快媒体和营销公司也开始涉足这个领域。最初,趋势预测依赖于直观的方法和对短期趋势也就是"短时狂热"(fads)的识别。在随后的几十年里,人们意识到了长期趋势,并开发了其他方法来预测这些趋势。

服装公司必须提前为新一季的产品做好准备,因此,跨越不同行业和学科的流行趋势预测在时尚产业已经必不可少并且发展成熟。预测过程最早提前两年就要开始。预测机构和他们的趋势分析报告使服装公司能够利用时尚趋势周密地进行产品开发,让零售商能够更好地把握新一季流行的色彩、设计细节和面料。如果不能准确地把握潮流趋势,服装会因滞销而不得不降价处理,造成巨大的损失。因此,流行趋势预测对当今的服装公司来说是极其重要的。

专业的趋势预测人士必须充分了解政治格局和全球经济等时事热点及其对消费者的影响,同时必须对新闻、经济、文化和创意事件以及社会经济趋势有很好的把握,还会把生活中的设计、色彩、视频、报纸、书籍、杂志和网站等作为信息来源。经验丰富的时尚分析师会评估消费者的购买模式、资料和他们选择的生活方式,来帮助客户预测消费趋势。

"我们一直都着迷于向上渗透理论（trickle-up theory）——无法购买高级时装的人们创造了自己的形象，反而向上影响了高级时装。有时，预测未来流行趋势的正是大街小巷上人们的穿着。"

——明亚·夸克（Minya Quirk），时尚总监

流行趋势周期

整个时尚产业是一个不断发展的循环过程，流行趋势预测是其重要组成部分。短期趋势可以预测公司未来1～3年的愿景，让董事会、品牌和营销部门知道如何创新产品、服务与体验来满足未来消费者的需要和渴望。生活在信息时代的我们经常面对大量的信息无所适从，而当今时尚界面临的最大挑战就是如何利用好所有的信息并从中提炼出重要的未来战略。

流行趋势预测并不是时尚领域独有的，在其他行业也被广泛应用，以便为消费者改进产品。近年来，流行趋势预测本身已成为一种流行，"猎酷"和"趋势猎手"正在大量涌现，并与许多公司展开不同领域产品的合作。虽然大多数成功的公司都倾向于与国际趋势预测机构合作，但有时一些公司会因涉及的信息量过多而选择成立自己的趋势预测团队，而掌握流行趋势周期就是让预测过程成功的关键（图2-1）。

如果把流行趋势周期做一个简单的分解，那么第一阶段是通过"趋势跟踪"（trend tracking）来预测设计趋势。趋势跟踪是一个不可或缺的研究过程，可以帮助公司深入了解消费者的需求，是一个由设计师和专业预测人士共同负责的过程。而且，所有趋势预测专家得出的结论应该非常相似，否则就是有人出错了。下一阶段是向客户介绍趋势预测信息，客户将根据所选趋势购买或生产产品。这些根据趋势预测生产或采购的商品被推向市场并进行推广，由时尚消费者买单，于是整个周期又开始循环。

流行趋势预测实际上是一个很复杂的过程，充满挑战，特别是预测时需要判断你所面对的是"趋势"（trend）还是"一时的风尚"（fad）。趋势和一时的风尚间的区别在于，趋势通常涉及包括人口、经济、政治、社会、心理和环境等影响在内的综合因素。与一时的风尚相比，趋势是长期存在的，更能反映事物流行的本质。

趋势预测者

趋势预测者的职责是分析市场趋势和寻找消费者行为模式，以找到看似不相干但实则足以形成"下一个流行"的理念间的联系。预测者的主要工作是发现将在来年春天、来年秋天甚至几个季节之后大放异彩的流行趋势和产品。为了准确地预测流行趋势，预测者必须从尽可能多的渠道吸收和汇集尽可能多的相关信息，然后将它们整理成一份连贯的、可行的报告。

> **下行传播理论（Trickle-down theory）**
>
> 下行传播理论指出，当最低社会阶层或较低社会阶层开始追随某种潮流时，这种潮流就不再是社会最高阶层想要的了。应用于时尚领域就是说，当一种流行已经在大众中普及时，时尚引领者就会觉得他们需要一些新的东西，并开始用新的时尚潮流去覆盖之前的流行趋势。

图2-1
流行趋势周期。
将趋势预测视为一个连续的循环是很有必要的，因为它反映了整个时尚产业的周期性。

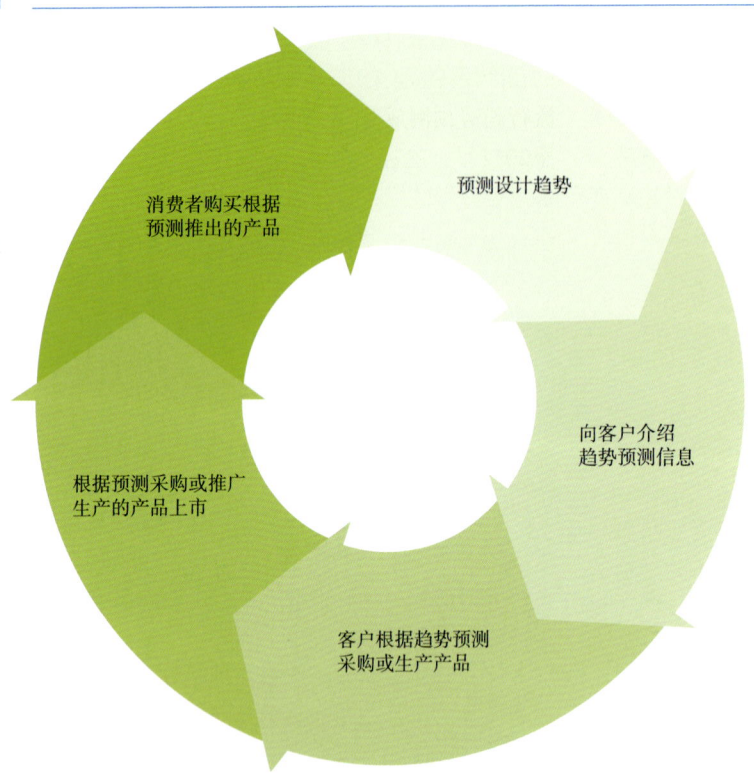

预测设计趋势

消费者购买根据预测推出的产品

向客户介绍趋势预测信息

根据预测采购或推广生产的产品上市

客户根据趋势预测采购或生产产品

"追踪趋势对于了解社会以及人们的行为、需求和心理及其对未来的影响而言，至关重要。"
——安妮·利兹·克亚尔（Anne Lise Kjaer），《未来机遇》（Future Vision）

趋势预测者的敏锐直觉源于他们全天候地沉浸在全球的动态变化中。他们需要对许多不同领域充满好奇和兴趣，如艺术、设计、科学、技术、社会经济和旅行等。这也意味着这份工作可能需要大量的出行、购物和媒体消费。因为要向客户展示成果，所以做报告、写分析和公开演讲等同样是预测者日常工作的一部分。对文化、艺术、媒体、旅行和科学技术发展等领域深有兴趣并收集相关信息，这对任何潮流观察者来说都至关重要。再将此结合市场调研和对社会经济转变的观察，就可以洞察体现消费文化发展方向和潜在表现的新兴趋势。实现这一点要靠个人直觉和对"下一个流行"的洞察力，因为这一切都无法传授也没有必然的解释，但持续地收集想法和图片，年复一年地整理和研究设计要素，让趋势预测者能够从大量的图片中找到特定的联系，总结出潜在的流行趋势。但有时，一张图片也可以拥有足够强大的指向性，让某些预测者立即确定这就是流行趋势之一。

一时的风尚（Fad）

一种在短时间内极度流行的时尚，是一种狂热现象。

在一次采访中，来自趋势联盟（Trend Union）的林德威·爱德科特（Lidewij Edelkoort）表示，"趋势预测很像考古学，但是面向未来"。他将趋势预测比作考古学的说法很有趣，因为这巧妙地揭示了调查、发现和记录对确定新兴趋势来说是多么重要。对于趋势预测者来说，了解十年、四十年甚至一百多年前的设计是很重要的，因为每种趋势都有其历史渊源，所以这既是在展望未来，也是在回顾历史。

时尚产业发展迅速，每个人都在网上追随潮流和设计自我形象。对于趋势预测者来说，这是一项令人激动的挑战。许多人从博主、街拍及网上传播的信息中获得了时尚灵感。然而，专业的预测者需要对流行趋势有独特的见解。预测行业的未来在于能够另辟蹊径，始终以影响者而非追随者的身份去发表大胆又振奋人心的看法。

在这个互联网、超链接和社交媒体快速发展的时代，随着时尚产业逐渐发展壮大，竞争越发激烈，趋势预测变得越来越重要。时尚产业在加快生产节奏，趋势周期在提高循环速度，趋势信息的需求也在上升。不论是消费者已能通过时装发布会直播"即看即买"（see-now-buy-now），还是零售业对缩短交货周期的执着追求，都让不断适应最新趋势变得十分有必要。这不仅导致了时尚产业的变化，也让趋势预测行业在极短的时间内迅速发展。随着科技的进步，趋势预测的呈现形式已不再是每年印刷的几本小众的趋势报告，而是能够以极快的速度发布和更新最新信息的在线服务，这些不受时间和地点限制的信息让流行趋势预测成为时尚产业的一个重要领域。截至2011年，趋势预测行业规模达到360亿美元，并且还在继续增长，不断涌现出更多的趋势预测机构来满足全球受众的需求。

图2-2
猎酷。
猎酷就是寻求灵感。在创意行业工作，具备独立思考能力非常重要，要时刻注意设计领域和整个社会的动态。猎酷者能够发掘、记录和诠释街头正在发生的事情，并将其发展成"下一个流行"。
图片由Trendstop网站提供

"我想我可以从设计师的视角拍摄街上的人们,并在这个过程中获得和输出灵感。当我开始写《街拍时尚》(The Sartorialist)这本书时,我唯一的策略就是以大多数设计师寻找灵感的方式来尝试拍摄。"

——斯科特·舒曼

猎酷(Cool hunting)

猎酷这一职业始于20世纪90年代,最初是为了了解新一代年轻消费者的喜好。它也是一种市场调查,是从时尚、设计、音乐、媒体、科技等领域及青年文化中寻找新兴趋势的灵感。这些信息会被打包出售给市场调研公司,用于推动新产品的开发。简而言之,猎酷是一种预测消费者需求的职业。将猎酷作为市场研究战略的一部分,可以帮助公司在竞争中处于领先地位。在时尚界,猎酷是观察纽约、伦敦和东京等城市的街头时尚,并捕捉那些被认为是"创新型消费者"的人群正在关注的事物和表达的想法。它的成功在于能够从尚未流行的事物中识别出什么会是"下一个流行",而当这个事物成为主流时,也就失去了猎酷追寻的新颖性和吸引力,"酷的本质是主流追求(但还未拥有)的东西"。

如今,人们可以在网上找到很多此类内容,许多公司也开发了应用程序让用户能够在YouTube、推特和脸书等社交媒体上关注它们。博客内容对识别"下一个流行"也很有用。2005年,摄影师斯科特·舒曼(Scott Schuman)开始在网上发布他拍摄的街头时尚照片,开创了街头时尚类博客的先河。

猎酷也为求职者提供了全新的选择方向。这项工作既可以通过网络完成,也可以与消费者面对面进行。这条职业道路可以为富有创意的时尚专业毕业生提供大量通过旅行和体验不同文化来收集趋势信息的机会。对于喜欢视觉研究的人来说,猎酷是一个令人兴奋的职业选择(图2-2)。

产品开发、产品生命周期和流行趋势

趋势预测已成为产品创新和开发的一个关键步骤,因此趋势预测者需要同时考虑趋势变化的方向和变化的速度,以预测消费者未来的需求和愿望。除了凭直觉和经验识别明显的趋势和转变外,零售设计师和趋势预测者还会在感知到转变和重复出现的想法时观察和分析这些变化,然后确定流行趋势。

然而,由于当今追踪时尚周期的发展变化非常复杂,趋势预测者需要了解以往有关时尚发展进程的多种理论,以确定和发展预测未来趋势的新方法。要追踪时尚趋势的发展变化,趋势预测者必须学习时尚周期、时尚理论、时尚产品的扩散曲线以及时尚运动的原因等知识(图2-3)。

时尚可以流动、波动、循环、摇摆和重复。

> **直觉**
>
> 直觉是一种本能地理解事物的能力,不需要有意识的推理。

时尚理论

目前有三种不仅被学术界认可，而且持续影响着商业设计师和零售商创造和销售时尚产品的时尚理论，每一种理论都说明了流行趋势可能的传播方式，从而能帮助我们更准确地预测未来的时尚（图2-4）。这三种理论的核心是，时尚从社会的一个阶层传播到另一个阶层。因为有不同的传播方向，所以对应有下行传播理论、水平流行理论（trickle-across theory）和向上渗透理论，每一种理论都是对传播过程的一种诠释。虽然这些理论一直存在争议，有时还被认为已经过时了，但它们都是基于不断变化的社会环境、消费者偏好和市场条件被提出的。

简单说来，下行传播理论被认为是最早的时尚采用和传播理论，由凡勃伦（Veblen）于1899年提出。该理论以等级社会和各社会阶层的生活水平为基础，认为下层阶级对上层阶级的向往就是让时尚从上向下传播的动力。在这种模式中，一种新风格首先会被社会较高阶层的人接触和认可，然后逐渐被社会较低阶层的人接受。社会较高阶层的人有较强经济能力，他们的穿搭新风格会被社会较低阶层的人们模仿，从而让新风格逐渐传播到社会较低阶层。例如，西蒙娜·罗莎（Simone Rocha）在其之前推出的裙装上展示了小珍珠领，价值几百镑。几周之后，大街上就出现了类似的小珍珠领，售价不过几镑至几十镑。

一旦下层阶级复制了这种风格，上层阶级就会流行新的风格以保持他们的社会地位。这个理论模型理所当然地认为在社会等级制度中，人们向富裕阶层看齐，而富裕阶层则坚持同社会较低阶层保持差异。

对于那些想要模仿上级阶层穿着打扮的人来说，时尚风格是一种显示消费能力和实现向上流动的工具。一旦某种时尚风格在社会较低阶层流行开来，富裕阶层就会放弃这个时尚风格并转向下一个。反过来也是如此，比如街头风格和亚文化时尚中的朋克文化，被时装设计师参考借鉴，而这就是向上渗透理论。在这种模式中，时尚创

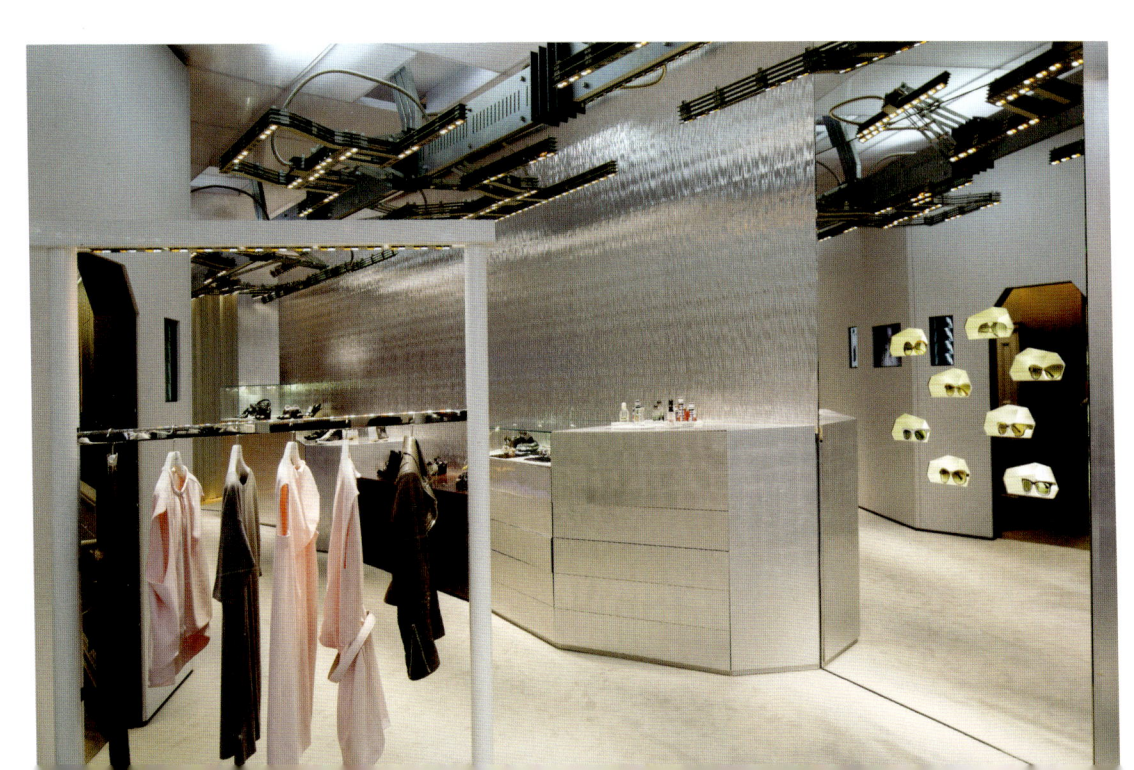

图2-3
产品开发预测。 产品开发预测是新产品创新和开发的关键，通过把握趋势变化和变化的速度来预测消费者未来的需求和愿望。
© Ed Reeve via Getty Images

下行传播理论。取决于社会等级和各个社会阶层的生活水平，不会向上流动。

向上渗透理论。时尚创新始于街头，源于低收入群体，再流向高收入群体。

水平流行理论。讨论时尚的水平传播。

图2-4
时尚的向上、下行和水平理论。
理解时尚传播理论和趋势传播方向对于准确预测未来时尚非常重要。

新源于低收入群体，或者可以说是从街头发起的，然后流向高收入群体。因此，在该模式中时尚风格的传播是从底部开始的。

第三种理论即水平流行理论，主要讨论时尚风格的水平传播。这个理论假设时尚是在社会地位相似的不同群体之间传播，而不是从高到低或从低到高。该理论提出，大规模生产、大众传播和新兴的中产阶级促成了时尚传播的新活力。在水平流行理论中，时尚在不同群体间传播时几乎没有时滞。设计师的一个款式可以同时用于高端成衣和大众市场，就是这个理论的有力证明。这种传播模式可以归因于高效的大众传播、制造商和零售商的努力宣传，以及与时尚领袖的合作推广。

今天的市场更加多元化，对产品的需求不再仅由上层阶级决定。生活方式、收入水平、受教育程度和年龄等因素都是决定产品接受度的重要因素。

现在，这三种理论依然被业界认可，因为时尚风格会继续沿不同的方向传播，而趋势预测者需要能够判断哪种理论最适用于当下的境况。根据社会、经济和政治环境在三种理论之间切换或综合运用它们，才是追踪不断变化的流行趋势的关键。

"街头兴起的流行风格最终会出现在世界顶级的T台上。不要为此感到惊讶，因为街头风格所代表的真实性是非常宝贵的，每个人都向往拥有这些时尚元素。"
——泰德·波西莫斯（Ted Polhemus），2010年

在前面的章节中，我们探讨了时尚周期和流行趋势周期。现在我们将研究其与新产品开发和产品周期的关系，接下来将概述趋势预测在时尚产品开发中的应用。

产品开发流程

在时尚产业中，新产品的开发是一个快速的过程，每个季节至少完成1次。其中，皮革行业每年1次，服装行业每15个月1次。

在这个过程中，设计师和开发人员会在必要的时候一起对产品（设计图或样衣）进行修改。营销和造型等部门在必要时也会参与其中，修改次数根据实际情况而定。有时服装已经上架了，

设计师的修改工作却还在进行，如根据客户的需求调整某个款式的颜色。

现以品牌ASOS为例了解产品上市前的开发流程。

在ASOS，采购团队负责选择面料、款式和颜色。产品由合作的供应商负责生产，然后运送到ASOS位于英国的仓库，并准备投放市场。由于消费者想要从杂志、T台或网上看到最新的时尚款式，ASOS团队会定期推出新产品以满足客户的需求。推出一种新产品所产生的成本相对较高，需要考虑的方面如下：

- 购买新物料。
- 管理销量不佳的风险。
- 通过ASOS杂志、官网和资讯宣传新产品。
- 用新的时尚照片更新官网主页。
- 更新订购系统。

流行趋势与特定季节上市的时尚产品的外观和结构息息相关，流行元素在这些根据季节提前开发和生产的时尚产品上体现得淋漓尽致。由于产品交付需要很长的周期，所以根据当前的流行趋势开发产品是远远不够的。专业的趋势预测者帮助设计师洞察未来，以便开发出可以盈利的产品。正如我们所知，流行趋势预测预示着未来的时尚产品最终将呈现的风格和色彩方向。设计师和开发团队的任务就是与来自公司内部和外部的专业趋势预测团队合作，明确适合自己目标消费者的流行趋势，并据此开发出创新性产品。

对于多数大型公司来说，有很多趋势预测机构可以选择。许多成功的大公司都与国际潮流机构展开合作，而今天巨大的信息需求量也让一些公司更倾向于成立自己的趋势预测部门。

WGSN等在线趋势预测网站持续更新潮流信息，使客户及时了解流行趋势的发展动态，这些预测机构不仅为客户减少了差旅和调研成本，还可以向客户提供丰富的产品开发信息。

WGSN网站上的"洞察与分析"板块根据产品开发周期的不同阶段提供相应的服务，包含"新闻""智库""创意方向""服装系列""面料""设计与生产""产品开发（号外）""供应商开发""采购""品牌建设""包装""营销""订货会""秀场""探店""零售""视觉营销""品牌与包装""交易会""商业策略"等项目，而且可以按城市检索。具体举例说明，如"智库"，主要用来解读未来几年的宏观流行趋势，而"探店"则是关于世界各地零售店的当季报道。另外，以出版书籍为主的法国趋势预测机构，如Promostyl公司，则非常注重历史传承，依托其独有的时尚基础，通过人类学框架和可触的样品来诠释和传

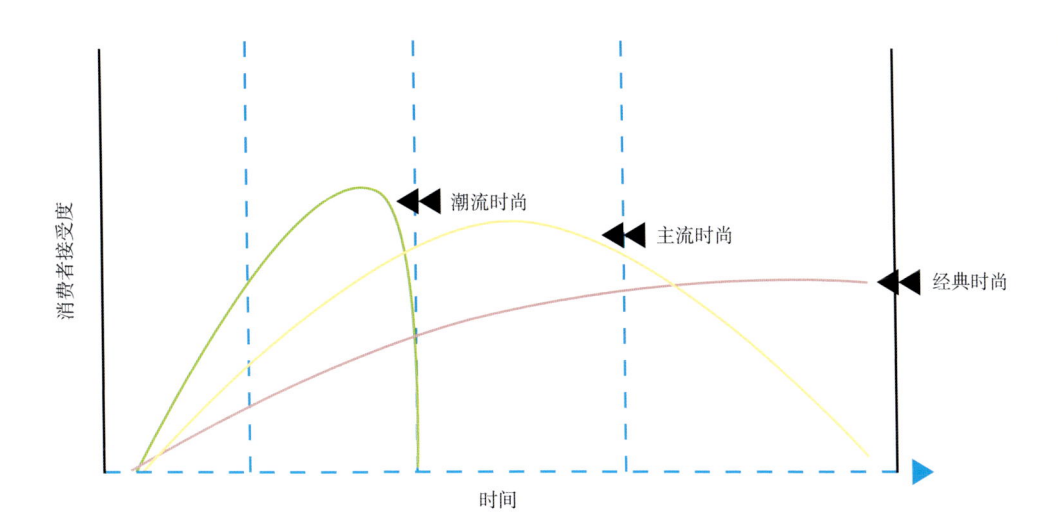

图2-5
产品生命周期。 根据定义，时尚是在某一时期内流行的风格，也就是很多人在特定时间内都追求的某一种（些）风格。当人们不再追求这个（些）风格时，这些时尚产品的生命周期就结束了。时尚产品的销量在达到巅峰后就会急剧下降。

达长期流行发展趋势。面对如此丰富的网络资源，时尚品牌系统地、全面地对流行趋势进行追踪就显得更加重要，否则很难将这些信息转化为能盈利的创新性产品。

时尚产品生命周期

本节简要探讨与时尚产品相关的产品生命周期和趋势预测过程。

服装和其他消费品可以根据其生命周期的长短进行分类，如T恤和牛仔裤这样的基础款产品，每季都有售，款式变化较少。客户能一次性或在一段时间里购买多件相同的产品，所以其有较长的产品生命周期（图2-5）。

因为时尚产业的流行趋势经常变化，所以时尚产品的生命周期较短，这就意味着企业赚取利润的时间也较短。在一个时尚周期刚开始时，生产新产品的成本很高，收入很低。在进入增长期后，收入超过成本，企业开始盈利。时尚产品的生命周期有时可以短到用天数计算，如ASOS与伦敦时装学院的学生合作的"Limited 100"系列，发布后5个小时内就售罄了。

时尚的传播过程通常被称为时尚扩散过程或时尚产品生命周期（PLC）。产品生命周期是指产品在一定时间内具有可测量的生命周期，通常可以用图表来表现。时尚产品生命周期包括以下5个不同的阶段。

1. 产品开发阶段。这是公司或品牌开始开发新的时尚产品的阶段。开发新时尚产品不一定要"从零开始"，可以是对现有时尚产品系列的补充。
2. 产品介绍阶段。在这一阶段，产品的成本急剧上升，因为推广新的时尚产品的费用非常高。
3. 成长阶段。时尚产品开始被市场接受，前两个阶段投入的生产成本开始慢慢收回。
4. 成熟阶段。时尚产品在这一时期已被广泛接受，销量增长放缓。但很快，这个阶段的成功产品就会面临来自竞争对手的压力，品牌将不得不再次开始投入成本，以捍卫该产品的市场地位。
5. 衰退阶段。在这个阶段里，品牌或公司不再能抵御竞争，或者消费者品位或生活方式的改变让产品陷入滞销。此时，公司必须找一个最合适的办法来终止产品的生命周期。

从图2-5中可以看出，"潮流时尚"的生命周期最短，通常是短时间内特别受某些特定的亚文化爱好者或年轻人群体推崇的风格。

基础款产品的整体销量是图2-5中三种时尚风格对应的三类产品中最高的，生命周期往往也

图2-6
罗杰斯创新曲线。 创新扩散理论有助于理解新观念如何在人群中传播。

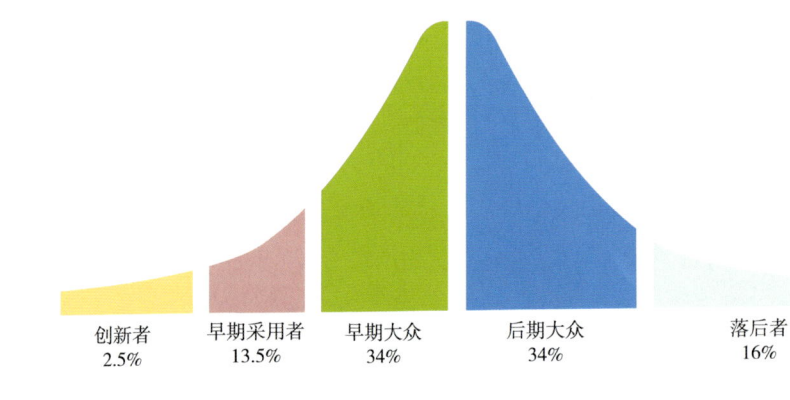

创新者 2.5%　　早期采用者 13.5%　　早期大众 34%　　后期大众 34%　　落后者 16%

最长，但这些不是紧随潮流的产品。大多数服装都包含着一个流行趋势维度，也就是流行元素在服装上的数量、分布和表现程度。即便一件衣服只有颜色属于流行元素，它也是有时尚维度的。要注意的是，一件服装集中的流行元素越多，它的生命周期就越短。因此，如果设计师要设计引领潮流的时尚产品，就应该在整个系列中同时准备不同时尚类型的产品，因为每类产品的生命周期在上市前就已经被决定了。

为了实现销量最大化，一些公司的产品线会囊括基础款、时尚款和大热款三类产品。例如，一家公司推出的针织服装系列中，可能有四款无论是款式还是色彩都很经典的设计一直在这个系列中。另外四种款式可能会每两年根据流行趋势对服装廓型、长度和领子等细节做出调整；每年可能会推出1~2次，每次1~2款基于大热款但周期较短的潮流设计的款式。受名人或体育明星青睐的款式，可以归类为时尚款和大热款。

最后来讲解一下流行趋势的演变和终止、埃弗里特·罗杰斯（Everett Rogers）的创新扩散理论，以及消费者接纳新观念的方式、原因和速度（图2-6）。

在产品生命周期的每个阶段都会出现五种对应类型的消费者。

这五种时尚消费者类型及其特点如下：

- 创新者是最先接纳新产品的消费者群体，他们对新颖的、与众不同的产品有着浓厚的兴趣。针对这一类消费者，进行市场营销时应该强调产品的创新性和独特性。
- 时尚意见领袖（明星、杂志和早期消费者）是继创新者之后最有可能接纳新时尚产品的早期采用者。他们模仿时尚创新者，并将产品改造成更加流行的款式。这些产品会由更多的公司生产，并在更多零售店销售。
- 当大众都接受了一款时尚产品后，该款产品就达到了流行周期的鼎盛期。产品会通过大量经销商进行销售，广告也针对大众消费者进行投放。
- 随着产品受欢迎程度的消退，时尚产品往往会通过"打折"和"清仓"的方式来吸引那些追求低价、对时尚不敏感或不感兴趣的后期大众或落后者。

创新扩散理论描述了一个观念、创新点或产品如何从我们文化的边缘走向主流，通常有助于理解新科技如何在大众中普及开来。如果我们把这个理论应用到紧跟潮流的时尚产品上，我们很容易就可以确定时尚产品目前处于哪个传播阶段，或者我们可以描述出发展到当前阶段的整个过程。

这里以一个在2006年达到饱和然后开始降温的潮流为例来进一步解释创新扩散理论。

2006年，牛仔靴作为一种潮流，其流行趋势达到了鼎盛期。这股潮流似乎开始于2005年有早期采用者和早期大众开始抢购的时候，而直到2005年夏末，诺德斯特龙（Nordstrom）和布鲁明戴尔（Bloomingdales）等百货公司才开始有大量牛仔靴上架，让这股潮流达到了顶峰时期。与林赛·罗韩（Lindsey Lohan）、米莎·巴顿（Mischa Barton）和妮可·里奇（Nicole Richie）等明星早在2005年春季就穿上了牛仔靴相比，这股大众潮流晚了好几个月。由此可见，明星是时尚产品推广的关键驱动力，他们激发着大众对潮流的兴趣，并促使大型零售商大量上架相应的产品卖给主流消费者。随着大型零售商的大力推广，牛仔靴的潮流从2005年度假旺季一直持续到2006年。到2006年后期，牛仔靴就只少量出现在市面上了，进入了衰退期。

趋势预测过程

当然，趋势预测不仅局限在时尚领域。例如，有一些趋势预测者专门研究电子、室内设计、家居用品等领域的趋势发展，还有一些预测者专门预测色彩、面料甚至纤维的发展方向。

本节将研究时尚产业使用流行预测趋势信息的过程。首先来看一看流行趋势预测过程中的色彩、面料、灵感和情绪板（mood board）。

色彩

色彩预测的第一步是采用科学方法和艺术手法进行调研，需要回顾过去的流行色，确定当下的流行色，然后才能预测未来的流行色。SCODIC和潘通（Pantone）是销售标准色色卡的两个体系。潘通是世界上使用最广泛、最受认可的色彩标准体系，也覆盖了色彩预测领域。实际上，根据市场研究机构NPD的数据，在美国销售的所有服装中，约有一半都使用的是潘通的色卡。色彩是每个季节的关键流行元素，能够帮助预测人员把大街小巷的流行风格和服装店里的时尚风格联系成一个整体，是确定趋势的第一个研究对象。色彩也是全球通用的参考工具，许多关键的软件包都带有色库。

色板（colour palette）是一组被组合在一起的颜色，几组颜色共同构成特定的色彩趋势，可以说每个色板都有自己的"故事"。创建一个"色彩故事"可以从在网上选择颜色或下载彩色图像开始，然后对颜色和它们唤起的情感进行评估，让色彩的情感呼应趋势主题也就是"故事"的发展。色彩故事通常使用织物、纱线和缎带小样来表现，使用平滑的样本很重要，这样染色时就不会产生歧义。潘通等许多公司都会给颜色进行编号，选择起来一目了然。

开发色板是汇总流行趋势时要做的第一件事。将调研结果和收集的影像资料演化成色彩故事，再通过色板将其表达出来。每个故事都会有一个名称，这个名称至少应该具有传达主题的提示性，因此要谨慎选择。许多趋势预测机构都提供色库，让趋势可以从丰富的色彩选择中得到诠释。颜色选择好后，就可以填充到色板上。

面料

与色彩预测的过程一样，面料预测也始于调研。基于对纺织品基础知识、术语和细节的掌握，预测者不断寻找新面料。很多时尚预测公司会派代表参加主要的面料和纱线交易会。法国巴黎服装面料展览会Première Vision（PV）是世界上最著名的面料贸易展，每年2月和9月在巴黎召开，分别对应春夏季和秋冬季的面料展览。PV展览会也会在纽约、莫斯科、上海和东京举办，颜色和面料会在对应上市季节的18个月前展出。展会期间，除了在中心区展示各种趋势信息和面料样品外，还会发布潮流日报和访谈实录。许多流行预测公司会很早到达现场，与同行围绕包括色彩和面料在内的新一季重要趋势交流看法。

如今，人们可以在网络上找到很多专业的纺织品资源。莱卡（Lycra）、国际羊毛局（the Woolmark Company）和美国棉花公司（Cotton Inc.）是纺织行业里三家主要的公司，它们为了在竞争激烈的市场中推广自己的产品，也提供色彩和趋势预测服务。

除此之外，专家对镶边、流苏等装饰细节也会进行预测。纤维、面料和纺织品制造商以及贸易协会，通常会在专业性和综合性的展会上展示最新的面料和纺织品发展趋势。时尚专业人士会参加这些展会，第一时间了解适合不同市场需求的面料和纺织品新趋势。除发掘更多的面料、色彩和趋势信息外，设计师和制造商还可以通过展会与供应商建立联系，获得样品。

灵感

灵感也是每个新一季的关键流行元素，往往源于展览、画廊、文艺演出、杂志、室内设计和建筑等广泛领域。时尚产业的从业人员需要新鲜的想法来激发设计灵感并为客户提供新的东西，信息收集者要随身带着相机，随时随地拍照记录，然后对内容进行编辑和提炼。除了需要亲自拍摄新图像外，旧图像对整理和校对研究材料也很有帮助。时装店橱窗通常也能提供丰富的装饰创意，所以许多预测人员都会到时尚都市中去寻找灵感。收集来的影像可以根据外形、感觉和颜色来编排主题，这样一个流行趋势就基本成形了，并可能被视为"下一个流行"。

编制情绪板

情绪板通常采用拼贴的形式展示出一个季节可能流行的各种元素，情绪板的每个主题由对应的颜色、面料和灵感进行诠释，进行视觉传达。经验丰富的时装设计师能够分析这些视觉展示，并赋予其自己的理念，然后应用到自己的设计中。

情绪板的设计必须考虑内容的侧重点，而且必须反复试验图片的位置以确保整个板面有一个焦点。与主题相关的面料小样可以放到情绪板上，但要注意它们的位置，要么集中在一个区域，要么分布在整个板面。面料介绍要巧妙又专业地展示在情绪板上，不然很难和其他趋势信息搭配协调。最后，每个主题的名称应该明确地显示在情绪板上，以便可以直观地查阅、识别和引用。

时尚品牌的趋势预测工具

时尚品牌要将趋势信息根据目标市场转化成设计。设计师、买手和配色师都需要先分析趋势的"基调"，然后将其应用到他们的设计或产品中。

趋势预测机构提供的信息实际上只是整个预测过程的第一阶段，关键在于设计师或买手在分析趋势、同行作品和橱窗设计以及生产规划、统筹店面时如何利用这些信息。这种技能可以通过各种可视化分析方法来培养。流行趋势预测也可以让设计师、制造商和零售商了解消费者在产品和价格方面的需求，预估自己的投资回报。对消费者需求的精准预测会为品牌带来收益和创造性的成功。

企业的趋势预测，特别是与趋势预测机构的合作，可以帮助其理解和提取每一季的正确信息，从而帮助品牌吸引目标客户，高效开发畅销单品和有力传达核心理念。趋势预测者用自己的专注与专业让品牌及设计师节省了时间，也让他们能够明确自己开发的产品符合经市场分析验证过的发展趋势，帮助他们树立信心。从根本上说，与专业的趋势预测机构合作，可以让品牌进一步了解目标消费者并与他们建立更好的联系，提高自己的销售额。

通过运用在社交媒体和线上购物平台中广泛应用的统计和分析方法，一些主要的趋势预测机构能够让品牌牢牢把握住目标消费者。例如，Trendstop机构可以提供灵活的、定制的趋势方案，以获得客户所需的结果。他们可以在客户需要的时候派出专家协助客户，提供有效的解决方案。他们的前瞻性分析有助于节省客户的时间和成本，提高关键产品决策的准确性，并提高客户的利润空间。WGSN机构的国际专家基于14个时尚品类，就消费者行为、零售、营销和商业战略等领域预测并报告长期和短期趋势。他们在官方网站上表示，超过93%的时尚产业的高管认为WGSN提供的信息提高了他们的产品销量，同时也帮助他们合理化地整合了资源。当然，设计师也有能力自己进行调研，观察流行趋势，预测流行色和勾勒廓型，但趋势预测机构提供的是更具准确性的信息。如果一个品牌的管理团队不相信女式宽松背心（boy-fit tank）是下一个大热款产品，那么让专家来确认设计师的预测是否准确是很重要的。这种预期价值就是WGSN成为当今顶尖的趋势预测机构的原因。

如何运用趋势预测信息

品牌、零售商和设计师利用趋势预测信息来创造可以体现品牌价值并专注于目标客户的理想原创产品。流行趋势预测机构帮助服装公司和设计师从文化、信仰、地区、心情、场景等角度探索消费者的购买习惯，让他们能按年龄、地域或收入找到目标市场和消费者。世界各地的设计师和营销部门都对未来每一季的流行趋势信息翘首以盼，因为他们的新品开发已经非常依赖专业预测机构提供的宝贵信息了。不论是制造商和品牌，还是零售商，都会根据预测趋势规划和调整自己的品类和产品系列，如融入流行的廓型、颜色等元素，让趋势信息为自己增添竞争优势（图2-7、图2-8）。

情绪板的可视化分析

以下是分析情绪板并将其应用于设计过程的三个基本步骤。

演示分析

在进行可视化分析时，第一步是分析情绪板的特征：这些图像的主要特征是什么？在哪里可以看到这些图像？有什么对比鲜明的特征吗？颜色和字体跟图像是协调的还是冲突的……对情绪板看得越久，就会提出越多需要回答的问题。

推断内在联系

情绪板内容的形状可以是自然的或几何结构的，推断时既要注意线条的特性、形状及形状的大小，也要注意它们之间的关系，更要同时考虑纸面上的效果和成品在环境中的实际表现效果。文化历史、象征符号、视觉信息、线条的流动性与速度性等元素都可以通过可视化分析来形成"方向"。一旦确定了方向，就可以用文字、图像、颜色和面料等制作思维导图，并将它们应用于设计理念，最终转化成时尚产品。

图2-7
流行趋势预测步骤。

季节 ➡ 目标市场 ➡ 消费者 ➡ 面料 ➡ 廓型 ➡ 质地 ➡ 用途

第 2 章　流行趋势预测　43

图2-8
情绪板。
情绪板上呈现信息的形式可以包括杂志页面、色卡、样布、包装、照片和艺术作品。解读这些视觉元素对于分析情绪板信息很有帮助。
图片由Crystal Padmore提供

趋势信息的呈现

时尚预测信息，也称时尚情报，可以通过多种方式呈现，如时尚手册、杂志等传统出版物和越来越普遍的网络资源。互联网改变了设计师获取趋势信息的方式，从而也改变了趋势预测行业。然而，尽管网络可以迅速提供趋势信息，传统的出版物仍然很受欢迎。趋势预测出版物内配有色板和纱线、面料、装饰品的小样，诸如此类独一无二的触觉体验确保了它们在市场上的重要地位。

时尚图集

时尚图集通常是印刷和装订后的出版物，包括服装的关键廓型与细节、趋势细节、色彩、面料和纱线等内容。这些图集最早会在对应季节的18个月前出版，这使它们提供的信息资源非常有价值，通常会按内衣、女装、针织等类别分册发行。这些图集通常每6个月发布一次，可以直接通过公司或代理商订阅。虽然最终价格取决于服装公司或设计师需要内容的多少，但总体来说，购买这种出版物需要付出更高的成本。当最新的图集上市时，一些预测机构会向主要客户进行展示讲解，并提供信息更新服务。

杂志

获取流行趋势信息的一个更实惠的选择是购买《纺织品材料》（*Textile View*）这样的专业杂志。这些服装纺织纱线趋势杂志主要关注面料和色彩，有时也有造型信息，往往在更接近对应季节的时间出版。尽管信息远不如时尚图集详细，但杂志确实为大多数时尚专业人士提供了一个适宜的时间段的趋势信息。一些时尚杂志如英国的*Drapers*，也会以发布展会报道的形式提供时尚预测信息。国际流行趋势杂志包括以下示例。

1. *Bloom*是一本生活方式趋势杂志，诠释了如何将花卉和植物转化为设计，从色彩、形态和情绪等角度为时尚印花设计提供灵感（图2-9）。
2. *Collezioni*是一本国际期刊，包含时装发布会图片和新兴趋势的详细信息，按不同的专业领域发行，每半年出版一次。
3. 《流行趋势预测》（*Fashion Trend Forecast*）杂志提供最新的流行趋势信

图2-9
*Bloom*杂志由李·艾迪克特（Li Edelkoort）创办。该杂志创办于1998年，专注于深受花卉、植物和园艺流行趋势启发的生活方式。
图片由趋势联盟提供

息，并对国际上主要的设计师作品、畅销产品、设计细节、色彩风格和面料开发进行分析。

4. 《休闲运动服装》（*Sportswear International*）是一本专注于牛仔面料、牛仔裤和街头时尚的国际时尚期刊。每年出版6次，另有每年出版1次的明星指南（*Who's Who*）。

5. 《纺织品报告》（*Textile Report*）为整个纺织行业和时尚市场提供了全面的趋势信息，包括女装、街头时尚、时装发布会、廓型和色彩趋势，以及面料、印花创意和展会报告等。每一期都会更新和预测下一季流行趋势。

6. 《色彩趋势》（*View on Colour*）。这本杂志专注于色彩流行趋势的发展和相互影响，提供时尚、纺织品、工业设计、平面艺术、包装和化妆品等领域的最新信息。

"要记住的是，那些发现趋势的人以及很时尚的人，正是因为趋势隐秘不易被发现才对趋势感兴趣，他们想成为与众不同的人。"

——马尔科姆·格拉德威尔（Malcolm Gladwell）

科技与流行趋势预测

互联网对于时尚预测信息的传播变得越来越重要。网络能及时向客户提供信息，这让它比需要更长的时间才能问世的印刷出版物更具优势。全球流行趋势预测机构WGSN率先推出了仅限订阅的网站，促使了更多为时尚专业人士提供预测服务的网站的出现（有关WGSN的更多信息，请参见下文）。现在，时尚博主和线上预测机构在时装发布会的几天甚至几个小时后就对设计师的最新作品进行大量报道。互联网已经改变了时尚预测和趋势预测工具的使用方式，也改变了趋势预测者的工作方式（图2-10）。

零售商现在需要随时获得最新的趋势信息，不断发展的科技让趋势预测者有了新方式来观察消费者，从而对时尚、服装和零售行业产生的影响越来越大。以前，追踪流行趋势意味着每年要出国5次，研究各地的时装发布会、零售店和街头时尚。调研一般需要2周时间，而汇总报告则需要一个10人团队再用2周时间才能完成。之后，这些趋势报告会被发布出来并发送给客户阅读，并确定趋势方向和寻找灵感，整个过程需要1个多月。现在，许多预测机构在世界各地都有情报收集者随时为他们发送街头时尚和零售店的最新影像，通常是关于街上穿什么和零售商展示什么的最新镜头。例如，一家在意大利米兰的预测机构每月可以收到10000~15000张从日本东京发来的图片用以研究整理。

图2-10
潮流追踪器（trendtracker）。
潮流追踪器是一款手机和iPad应用程序，可为订阅者提供来自世界各地的每日时尚资讯，包括街头时尚和时装周的即时报道。
图片由Trendstop提供

社交媒体与流行趋势

社交媒体为趋势预测者搭建了一个既能获取记者报道又能追踪流行趋势的平台。例如，走在安特卫普的街道上，人们只能对某种趋势的流行原因一知半解，而充分了解这一趋势是如何出现以及为何出现是十分重要的。现在，一些预测者正使用社交媒体和线上社群来精准定位流行趋势的起源和发展方向。在每个城市的热门时尚场所漫步的调研方式已经一去不复返了，预测者的调研重点已转向访问当地博主的博客或社交媒体。

许多人的工作已经被那些拥有多个线上平台并可以随时获取大量信息的少数人所取代。趋势分析报告不再有固定的发布日期，而是几乎每天即时更新。全新的应用程序让设计草图可以马上在计算机上绘制出来供客户下载，让他们能立即应用在生产中或线上趋势报告中。科技为趋势预测提供了不断更新的工具，追踪趋势的新方式就和确定下一个流行趋势的研究过程一样意义重大，振奋人心。

流行趋势预测机构

流行趋势预测机构主要观察新兴的生活方式和文化潮流，预测工作在目标季节18个月前就开始进行。他们将从色彩、纱线和面料等专业展会上获得的信息与对社会经济和文化的分析相结合，为客户提供流行趋势的前期解读。他们研究音乐、体育、电影和电视等领域来把握消费者生活方式、态度和文化的发展趋势，以便预测客户需求的变化。

这些机构的预测专家通过解析最新的、最相关的生活方式和流行趋势，诠释设计理念和产品发展，思考最新的市场发展和恰当的规划方案，从而保证自己领先于下一个流行趋势。这既能够激发设计师的创意，也能够激励营销人员、制造商、批发商、进口商、采购部门、零售商和贸易展览组织者创新。

多年来，市场上有许多趋势预测机构发布线上和传统形式的趋势情报。近些年，一些机构开始专注宏观的或微观的趋势预测，并且只选其中某一特定方面作为焦点。不管是业内领军的机构，还是传统的老牌公司，抑或是刚崭露头角的工作室，都在以其特有的方式提供对未来有价值的见解。

Promostyl

法国的Promostyl公司成立于1966年，是公认的第一家流行趋势预测机构。公司创始人弗朗索瓦·文森特-里卡德（Françoise Vincent-Ricard）早期是时尚产业的一名顾问，她意识到纺织品制造商需要一个"媒介"来诠释和沟通设计师在新一年的需要以及客户到时的需求。她认为这个"媒介"的角色极具发展潜力，就组建了一个小团队来与客户和制造商合作，于是趋势预测机构的概念和Promostyl公司便诞生了。

今天的Promostyl公司是一家全球趋势预测机构，总部设在巴黎，也是全球代理商。Promostyl公司以生活方式趋势为中心，为所有市场提供产品色彩和廓型的方向，帮助客户平衡产品创意和市场接受度。

Trendstop

Trendstop公司是一家领先的线上趋势预测机构，以高质量的分析和精准的预测而闻名。其官方网站有8种可选择的不同语言版本，包括图片库、关键趋势报告、新兴趋势资讯和重要主题更新等栏目，为时尚专业人士提供各种各样的趋势资源。该公司高质量的分析和预测为很多客户带来了收益（图2-11）。

Trendstop公司为购买女装的客户提供以下服务：

- 预测主题：此产品上市提前18个月知道目标季节流行的主题。
- 消费者分析：通过深入的社会趋势和消费趋势分析来解读主题。
- 趋势确认：用准确的趋势信息和支持数据

证明其对趋势预测的准确性。
- 深入分析：对色彩、面料、外观设计、廓型、细节、配饰、美妆和款式等流行元素进行详细而具体的趋势分析。
- 持续的趋势更新：更新形象和最新发展动态。
- 趋势下载：客户可以下载布局图、服装草图、印花模板（print repeats）和能够启发灵感的情绪板。

Trendzoom

Trendzoom公司是一家时尚和趋势预测机构，让客户在平静、富有创意的氛围中获得清晰的趋势分析报告和信息。他们的报告强调独特性，帮助服装公司走在潮流前线。

Trendzoom公司有许多长期用户，而且每天都有新用户加入订阅。他们的客户包括零售店铺、百货公司、时尚教育机构和媒体。

Trendtablet

Trendtablet网站是一个由林德威·爱德科特设计和策划的社交媒体平台。平台介绍了流行趋势如何发展、演变和传播，解释了流行趋势与日常生活的关系，用户可以免费访问。作为趋势预测者、策展人、出版人和教育家，林德威仿佛生活在未来，重点研究时尚、艺术、设计和消费文化间的联系。趋势预测界视她为业内领军人物。她的《色彩趋势》、*In View*和*Bloom*杂志自1992年推出以来，一直在创意行业中极具影响力。

图2-11
Trendstop。
Trendstop官网上展示了对色彩、面料、外观设计、廓型、细节、配饰和造型等元素流行趋势的深入分析。
图片由Trendstop提供

WGSN

WGSN（Worth Global Style Network）机构成立于1998年，很快就成为行业领先的在线趋势分析平台，为时尚和设计行业提供最新的创意和商业信息。WGSN隶属于Top Right集团，该集团还拥有*Drapers*杂志。WGSN于2013年收购了Stylesight平台，成为最大的在线趋势预测机构之一。WGSN为时尚和创意行业进行领先市场的趋势预测、设计验证和零售大数据分析，为客户解决设计、推广、销售和企划等领域的问题。WGSN机构创立于英国，目前在欧洲、亚洲、南美洲和美国都设有办事处。

WGSN以订阅的形式提供服务，拥有超过38000名用户，包括乔治·阿玛尼、沃尔玛（Walmart）、阿贝克隆比&费奇（Abercrombie & Fitch）、卡尔文·克莱恩（Calvin Klein）和杜嘉班纳（Dolce & Gabbana）等品牌，以及世界各地的学院和大学。2005年，传媒集团Emap从WGSN的英国创始人朱利安（Julian）和马克·沃斯（Marc Worth）两兄弟手中收购了WGSN。

WGSN机构的编辑和设计人员周游世界，不断提供深度见解、创意灵感、实时零售动态、季节性趋势分析、消费者调研和商业信息。WGSN机构是唯一一家覆盖了生活方式领域的趋势预测机构，与世界各地的分析师、调研人员和记者合作，在汽车、家居、酒店和旅游、食品和饮料以及健康等领域提供专业意见。

LS:N Global

LS:N Global是一家总部位于伦敦的趋势预测平台，提供订阅服务，为客户提供主要行业趋势和有关消费者行为的深刻解读，帮助商业人士把握趋势，做出正确决策。

LS:N Global的网络平台

LS:N Global在线上有一个由研究人员、分析师、通信员、预测人员和视觉设计师组成的全球化团队，每日更新趋势信息。LS:N Global通过展望未来的方式激发品牌、产品和服务创新，帮助客户满足消费者需求，创造销售佳绩。

The Future Laboratory

LS:N Global是The Future Laboratory公司的一个部门，在伦敦、墨尔本和纽约设有办事处，帮助客户了解市场趋势，适应消费者的最新需求，实现经济等方面的增长，巩固成功的地位和保持在竞争中领先。

产品与服务

The Future Laboratory公司提供了一系列的服务，旨在帮助企业为新的机遇和挑战做好准备。这些服务包括：
- 上门展示。
- 前瞻工作坊。
- 创新战略与规划。
- 启动与拓展。
- 行业报告。
- 活动策划。

案例研究：Trendstop

Trendstop是一家趋势预测公司，通过在线趋势预测平台与定制趋势预测服务，提供全球时尚和生活方式趋势分析。该公司有一个全球在线趋势研究平台，一个领先的设计工作室并提供咨询服务。作为业内领先的流行趋势预测机构，Trendstop经常策划一流的时尚活动和组织在线趋势预测研讨会。

"伟大的产品始于伟大的想法，并通过良好的执行取得商业成功。在Trendstop，我们帮助客户在这两方面都做到最好。"

——贾娜·贾蒂里

Trendstop公司由在芬兰出生的贾娜·贾蒂里于2002年创办。贾娜·贾蒂里富有创造力和远见，在趋势预测行业工作了近20年。她在芬兰长大，19岁时移居英国，在伦敦生活了20多年。从中央圣马丁艺术与设计学院毕业后，她先在1999年创办了一家数字时装设计咨询公司，然后在2002年创办了Trendstop公司。贾娜接到的第一个业务是作为设计顾问帮助20世纪90年代后期的设计师实现计算机化，她为玛莎百货（Marks & Spencer）和River Island等知名公司开创了CAD图库。很快，客户开始向她咨询下一季流行的设计理念。

与客户一起研究产品开发时，Trendstop专注于了解消费品趋势周期，并通过前瞻性的趋势规划来确定产品类别，策划宣传活动。公司经常被要求对媒体报道的领先趋势发表评论，并曾为*Vogue*、*Wallpaper*、*Elle*、*Marie Claire*以及《泰晤士报》（*The Times*）、《纽约时报》（*The New York Times*）和《独立报》等顶级刊物提供咨询服务。

Trendstop与范思哲、迪赛尔（Diesel）、ASOS、塔吉特百货（Target）、欧莱雅（L'Oreal）、GHD、克莱斯勒（Chrysler）、保时捷（Porsche Designs）和美诺（Miele）等知名品牌和零售商合作，帮助他们打造成功的产品和举办有影响力的推广活动。客户的成功是Trendstop追求的核心，所以他们专注于分析的准确性和趋势预测的质量，向客户提供最新、最准确的趋势分析。

运用互联网和数字技术传播时尚是Trendstop公司自创办以来的重点关注领域，因此该公司研发了"趋势追踪器"这一应用程序，开创了在手机和平板电脑等移动终端创建趋势预测平台的先河。趋势追踪器的界面免费提供专业的流行趋势预测、图片库、视频和每日更新的时尚新闻，让用户在某种潮流"大热"前就可以找到相关信息，迄今为止，平台上的下载量已超过100万次。

由于快时尚和社交媒体对全球潮流趋势的高

ART HOUSE RETRO

图2-12
Trendstop。
Trendstop情绪板展示关于色彩、面料、外观设计、细节、配饰和款式的趋势分析。
图片由Trendstop（SD）提供

速推动，产品研发、生产和上市的周期长短成为时尚产品成败的关键因素。Trendstop帮助服装企业根据自身特点确定自己需要专注的流行趋势，全面理解当前潮流，规划流行趋势在产品开发和零售周期内的应用战略。

Trendstop不仅提供高水平的趋势报告，还提供基于不同理念的和实用可行的产品开发方向，支持客户确定新一季主题和作出正确决策。

Trendstop官网为寻求实际帮助的公司提供丰富的趋势信息，包括流行信息、概念、设计和产品技术等，有助于客户根据自己的商业目标来选择和演绎趋势。Trendstop擅长将趋势概念转化为可行的、成功的全新产品，确保所有产品和推广活动都紧跟潮流，并符合目标消费者的品位（图2-12）。

本章小结

本章深入探讨了影响流行趋势的因素，以及流行趋势预测对开发时尚产品和实现产品畅销与利润最大化的重要性。

流行趋势预测用于确定客户未来的消费行为以及他们可能会购买的商品，因此这是一项复杂而耗时的工作。时尚公司需要给自己的团队投资，让他们可以自己开展趋势研究，或者需要购买专业趋势预测公司的服务。

虽然时尚预测行业现在看起来相对较新，但有史以来第一家流行趋势咨询公司出现于1927年。今天，时尚公司可以获得许多不同形式的流行趋势报告，趋势预测也已经跨越了许多行业和学科。时尚企业需要提前为新一季产品做好准备，纤维和纺织品生产商几乎要提前两年就开始着手，所以趋势预测在时尚界有着重要地位。如果没有趋势预测家对设计、色彩和面料的精心预测，零售商很可能因对潮流的错误把握而使产品滞销。

趋势预测者的工作是通过解读信号来明确流行趋势。因此，他们不断旅行、阅读、撰写报道和文章、收集信息……每一天都在重复这些工作，再经分析和诠释将它们转化为趋势报告。

时尚产业对趋势信息的需求在上升，趋势预测行业在进一步发展，每个人都在追随潮流，打造自我形象。对于专业预测人员来说，这是一个令人兴奋的挑战，因为他们要成为有影响力的人，而不是潮流追随者。互联网的发展让趋势信息越发触手可及，时尚周期的进程也因此加快。线上直播的时装发布会和每天发布的面料资讯，使曾被严密保护的趋势信息现在更容易被各个层级的市场以及消费者自己获取。随着时尚博客的出现，博主也成为趋势预测的重要灵感来源，有时甚至因对时尚风向的准确把握而被企业聘为顾问。

流行趋势预测的一个关键点是理解与时尚传播相关的理论，掌握并读懂一个趋势是会向上渗透还是会向下传播是"预测"的一个重要部分。时尚产业的发展进程是一个不断演变的周期，趋势预测是其中重要的组成部分。然而，趋势预测是一个复杂的过程，面临许多挑战，怎样分辨当下趋势是一个主流趋势还是一股短暂的潮流，就是一个典型的例子。了解流行趋势背后的理论是预测人员研究消费者需求和愿望的重要因素。

时尚产业流行趋势和消费者品位的经常变化导致时尚产品的生命周期更短，同时也让时尚企业能够赚取利润的时间大大缩短。对于时装设计师和产品开发人员来说，了解产品生命周期以及趋势传播规律会有助于他们在产品开发中运用趋势的节奏。"潮流时尚"的生命周期最短，通常是特定的亚文化爱好者或年轻群体短期内特别推崇的某种风格。一些公司为了让销售额最大化，会在产品线中同时包括基础款、时尚款和大热款产品。

除了时尚领域，还有许多产品开发商订阅趋势预测服务，如汽车、美妆、室内设计等生活形态领域。一些公司采用出版物提供丰富的趋势信息，如成立于1966年的Promostyl公司，是历史最悠久的趋势预测机构之一，Trendstop、Trend Tablet和WGSN等公司则提供在线趋势信息。以WGSN公司为例，它成立于1998年并很快成为领先的在线趋势分析服务商，为时尚和设计行业提供创意和商业信息。

最后，我们必须知道，虽然流行趋势预测看起来仍然是新行业，但它实际上已迅速成为零售商竞争的手段之一。在瞬息万变而又对手众多的市场中，确定"什么会流行，什么不会流行"对于在竞争中领先一步至关重要。

案例研究与章节回顾

问题1：Trendstop是一家专业的趋势预测机构，提供领先的在线趋势平台，并将趋势发展信息与其他领域相结合。请说出与其他趋势预测机构相比，Trendstop在哪些方面做得更好？为什么？

问题2：请解释产品生命周期的重要性，以及产品生命周期与流行趋势周期的关系。

问题3：Trendstop提供有关流行趋势的最新资讯和精确分析。请说出趋势预测者是如何获得如此精确的信息的。

问题4：请描述产品开发流程和生命周期的各个阶段。

自测表

1. 谁会利用流行趋势预测来帮助自己生产和采购预计在新一季将会流行的产品？
2. 准确的趋势预测对企业获得商业成功来说是无价的，请描述流行趋势预测的过程。
3. 趋势预测者必须掌握很多领域的动向才能够进行趋势分析，这些领域有哪些？
4. 本章中讲到的三个时尚传播理论是什么？它们的含义分别是什么？
5. "趋势预测很像考古学，不过是面向未来的"，这句话是谁说的？
6. 互联网如何改变了趋势预测行业？
7. NPD是什么组织？他们对潘通有何看法？
8. 请简述ASOS的产品开发模式。
9. 产品生命周期由五个不同的阶段组成，这五个阶段分别是什么？
10. 流行趋势会经历发展和衰退，罗杰斯的创新扩散理论可以解释这一点。请画出创新扩散理论的曲线图，并标出对应的时尚消费者类型。

练习

猎酷

猎酷的出现为有创造力的毕业生创造了许多工作机会。猎酷者，也被称为趋势观察员，他们的工作就是去发现"酷"的事物。他们工作的主要内容如下：

- 研究当前趋势。
- 发现正处于萌芽阶段的新趋势。
- 预测新趋势。
- 向雇主和品牌展示他们的发现和预测。

一个猎酷者要有良好的洞察力，能找到每个群体中那些有远见的时尚引领者就是关键的一点。以下练习旨在帮助你体验猎酷者的工作内容，锻炼你的洞察力，提高你汇总、提炼和报告流行趋势时转化信息的能力。

第1步：调研

去一个附近的城市或乡镇游览，要注意观察周围的环境，从中汲取灵感，并用相机和笔记录下你的所见所闻。逛一逛当地的商场、购物中心、精品店和概念时装店，并记录人们的穿着。你调研时应该重点留意对当前市场产生影响的因素，并且这些因素能够反映当代文化。

其他灵感来源包括画廊、广告影像、室内设计、插图、摄影、平面设计、印花和图案、纺织品、雕塑、电影、体育和音乐。

第2步：汇编

拍完照片并做好记录后，将这些资料放在一块样板上，同时要运用各种研究方法，包括视觉图像、书面信息、图画、照片、样本和笔记。

一旦汇编好收集的资料，就可以将其转化成一个情绪板、在线预测报告，或者是一篇猎酷博文。

第3步：分析

筛选出调研资料中占主导地位的主题。进行预测时要注意，你寻找的流行主题要比时装店里正在销售的时尚风格超前才行。请记住，每个人现在穿的衣服可能很快就会过时了，要切身体会时尚引领者和时尚消费者之间的区别。

贾娜·贾蒂里（Jaana Jätyri）专访

趋势预测专家兼Trendstop公司首席执行官（CEO）

问：Trendstop已经创立15年多了，是什么激励你创立了这家公司？

答：我最初创立了一家设计咨询公司，销售CAD工具和时装设计图库，让设计师在20世纪90年代后期可以更简单地实现设计计算机化。玛莎百货和River Island都是我的第一批客户。后来，客户开始根据T台造型询问新一季的设计理念，于是我在2002年成立了Trendstop，专注于提供在线趋势预测服务。

问：你认为科技和社交媒体是如何影响当今流行趋势的发展方式的？

答：它们彻底改变了关于流行趋势的一切，如传递、购买和销售的方式。与15~20年前主导流行趋势的零售商相比，现在处于主导地位的是消费者。

问：趋势预测的过程是怎样的？这个过程对你个人有什么影响？

答：在过去的20年里，我一直致力于研究消费者心理，然后在正确的时间为他们提供相应的产品。我已经成功地将这个知识提炼成一种独特的趋势预测方法，并一次又一次地证明了这个方法确实能够提高任何商业时装（成衣系列）系列畅销款的销量。这个方法就是"Trendstop准确趋势预测公式"（Trendstop Accurate Trend Prediction Formula）。

问：为什么趋势预测对时尚产业很重要？

答：因为在市场上，是消费者决定最终要购买的产品，所以能够提前预测他们的需求非常重要。然而，过去的基于观点的趋势预测通常不会从这个角度出发，并且这种预测方式能够提供的价值已经越来越小，因为它赶不上社交媒体和快时尚发展的速度了。

问：现在有什么正在给你提供灵感的事物吗？

答：新的思维、新的看待事物的方式，以及对这些想法的表达。

问：如果有学生想在趋势预测行业发展，你会给他们提出哪些建议呢？

答：要对一切事物都充满好奇心和兴趣，一位专业的趋势预测者一定是一位优秀的研究员。趋势预测行业看起来很光鲜，但要想成为一个好的趋势预测者需要付出很多努力，就像不是每个想成为足球运动员的人都能在英超踢球一样。趋势预测不仅是能够创建一个漂亮的情绪板，真正有价值的趋势预测是很多知识凝练的结晶。

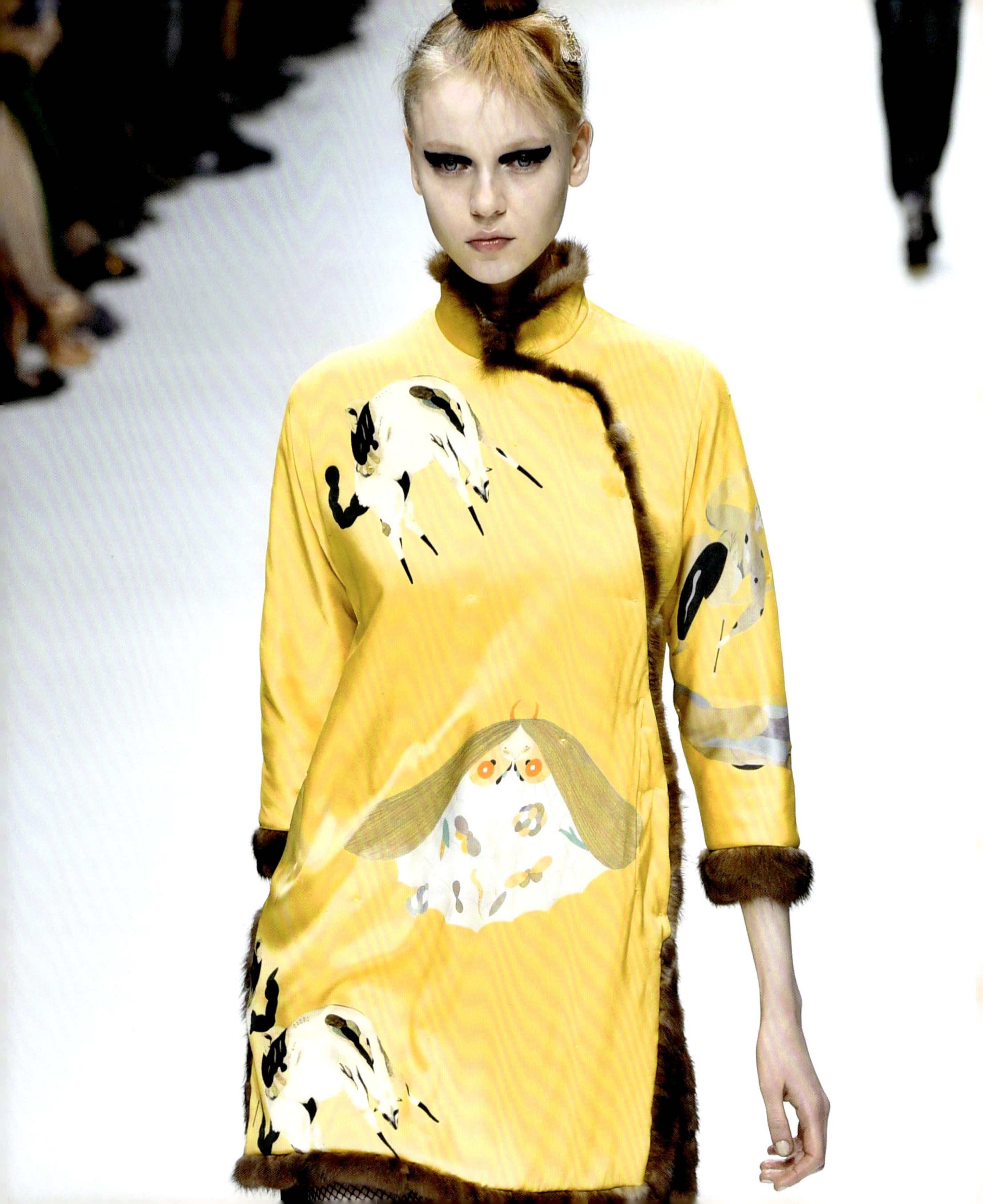

第 3 章

产品推向市场

本章将讨论时尚管理人员在企业内的不同职位，将原始材料转变成终端产品的过程，以及成功品牌的营销经理必须承担的职责和具备的品质与素养。此外，本章还将介绍市场营销管理理论和模型。我们将通过案例来研究时尚企业有代表性的活动、领域和业务。

本章学习要点：

- 了解构成时尚产业的不同企业、产品和服务的背景。
- 了解不同时尚企业里的不同职位和企业的层次架构。
- 了解时尚企业战略规划与营销管理的基本理论和模式。
- 了解创造力如何跨越界限并被用于时尚企业的管理实践。
- 学习时尚企业将时尚产品投放市场的方法。

左侧图

夏姿·陈（Shiatzy Chen）2016/17秋冬成衣系列。
时尚管理的原则涉及时尚产品的营销、推广和销售三部分。
© MARTIN BUREAU/AFP/Getty Images

时尚产业的核心领域

时尚产品经理的基本管理活动主要是时尚产品的营销、推广和销售，也涉及根据潜在客户和设计师的需求对产品提出要求。其职责包括策划宣传活动、管理广告创意和视觉营销等工作，以及管理生产过程和促销等营销活动（图3-1）。

市场营销和项目管理在时尚产业中扮演着非常重要的角色。因为经常涉及巨额资金，所以管理对于项目能否打开品牌知名度、发现新趋势、赚取利润，以及实现增长和获得成功来说至关重要，而时尚产品经理正是其中的关键角色。

销售产品这个终极目标以及供应链管理是时尚产业各个层级的企业的主要任务，而这些企业都面临着将创意和市场有效结合并创造销量的挑战。时尚产品经理的职责是制定严谨的策略并执行，以确保他们为零售终端输出的产品比竞争对手的产品更时尚、更知名。

对于有意向进入时尚企业管理层的人来说，掌握时尚企业的运作方式十分重要，而掌握时尚企业运作方式要从了解时尚产业及其对全球经济的贡献开始。

时尚产业设计、制造、分销、营销、零售，以及宣传推广多种类型的服饰，从女装、男装到童装，从昂贵的高级定制时装到大规模生产的高街成衣。从广义上讲，时尚领域之所以被称为"时尚产业"，是因为这体现了其在全球有数百万从业者的庞大规模。时尚产业内有不同的领域，每个领域内有各种不同的企业和机构。每个领域都在产业中有自己的位置，每个企业和机构也各自承担着对应的职能和责任，致力于在满足消费者对时尚产品的需求的同时确保获得利润。

本书讨论了科技对时尚产业的影响及产业发生的变化。然而，整个时尚产业的基本结构并没有变，因为采购面料和装饰品、设计和制作服装，然后进行推广和销售的流程，仍是当今时尚产业的运作支柱。

在下面的内容中，本书把时尚产业的几个核心领域进行简单分解，并简要介绍产业内几个关键的环节和时尚企业。同时，还会介绍一些

图3-1
市场营销和推广活动将原始投入成本转化为最终的时尚产品。
© Kim Steele via Getty Images

不同的商业模式和业务结构，使读者对当今的时尚企业管理者类型及其在时尚产业中的地位有所了解。

面料设计和生产

首先从英国的面料生产行业开始论述。长期以来，印度在英国的面料生产中发挥着关键作用。然而，事情在过去的几年里已经发生了变化。随着政治格局的变化和现代交流方式的改变，英国面料的生产制造业务转移到了其他国家，扩大了产业内面料的供应。面料生产企业的结构和运作因设计师和制造商之间的互相影响而异。小众设计师通过面料代理商采购面料，大企业或大品牌拥有自己的工厂，或与其他工厂密切合作来生产符合自己特定要求的面料或纺织品。面料生产的主要成本涉及劳动力成本，这导致大多数英国的面料生产业务从美国和英国等地转移到其他地区。最近，美国等地的面料制造业务有所增加，但其大部分面料仍来自印度、东南亚和墨西哥，东欧等地也开始制造服装和供应纺织设备。

时装设计与生产

时装的生产流程是从将采购好的面料交给制造商进行缝制开始的。工厂会根据设计师提供的设计图制板，然后批量裁剪和组合。在某些情况下，制板和裁剪会在专业的工作室完成，然后交给制造商。时装设计与生产行业主要由专门从事制板、裁剪、装饰等的小型制造商组成。然而，一些规模较大的品牌确实都是整合生产的。

分销

在到达实体店之前，时尚产品的供应和分销要经历很多环节。服装越普通，上架前必要的准备工作就越多。大品牌会直接将外包生产的服装调配到各个店铺，而许多独立设计师会将制造商制作好的服装取回来并由自己集中分销，如与同时代理多名设计师的代理商合作，由代理商与零售商对接。T恤等大众产品往往会大规模生产，然后卖给促销服装的经销商进行图案设计和销售。

时尚零售、市场营销和产品销售

时尚零售市场中有许多大型零售商，也有许多规模较小的小型零售商。比起中小型企业（SMEs），大型零售商更具优势，因为他们采购数量大，所以采购成本低，这使他们拥有更高的利润，并能为消费者提供相对较低的零售价格。小型零售商可以通过缩小经营范围或专注于特定品类的时尚产品来获得成功，而不是试图与大型零售商展开竞争（图3-2）。

然而今天，我们看到越来越多的企业以其他方式销售产品。例如，互联网为零售商提供了通过在线销售产品与客户建立联系的机会（可参阅本书第7章有关新的微品牌商业模式和创业内容）。越来越多的人希望在家中舒适地通过应用程序在手机上购物，而不是去传统的实体店购物，新兴科技已经改变了零售商做生意的方式。研究表明，网购消费者的支出是传统消费者的8倍之多。新兴科技的应用趋势正在影响时尚零售商与品牌和客户互动的方式。在本书的第4章中，会有更多相关细节以及多渠道零售相关内容的讲解。

SMEs

中小型企业，全称为Small and Medium Enterprises。

时尚管理职位

时尚产业的复杂性决定了其对从业人员的技能、知识和经验的高要求,因此,在服装企业中,管理人员承担着许多不同方面的工作。本节将关注企业中不同领域和不同层级的时尚管理人员的工作内容,介绍他们的职责、特性和必备素养。同时,我们也将研究如何让品牌获得成功。

正如你已经发现的那样,时尚产业非常庞大、包罗万象,需要许多人在各自的岗位上发挥作用。当代时尚产业是社会发展过程中的产物,在一刻不停地变化着,每个人都能从中找到适合自己的产品。无论是大牌知名设计师还是高街品牌,对时尚界来说都不可或缺,需要他们一起为消费者带来时尚产品。一些时尚企业的运营基于庞大的层级结构,下面我们将研究企业不同层级中的不同职位,并有针对性地进行详细介绍(图3-3)。

图3-2
克里斯汀·迪奥实体店的零售商品陈列。
零售市场由许多成熟的、规模较大的品牌零售商组成,但也有许多小型的、小众的零售商存在。
© Tom Sibley via Getty Images

第 3 章 产品推向市场 61

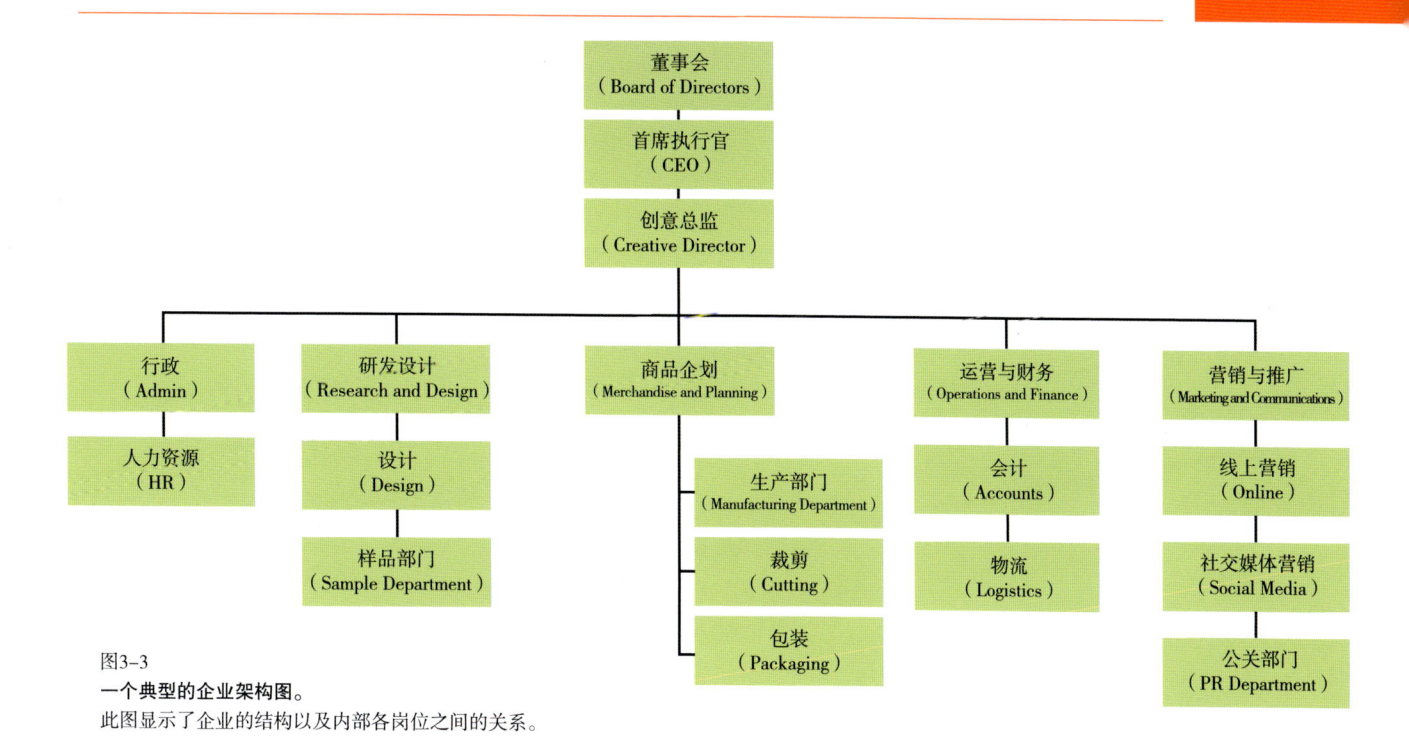

```
                    董事会
                (Board of Directors)
                        |
                    首席执行官
                     (CEO)
                        |
                    创意总监
                (Creative Director)
                        |
   ┌────────┬────────┬────────┬────────┐
  行政    研发设计   商品企划   运营与财务  营销与推广
 (Admin) (Research (Merchandise (Operations (Marketing
         and Design) and Planning) and Finance) and Communications)
   |        |          |          |           |
 人力资源   设计       生产部门    会计        线上营销
  (HR)   (Design) (Manufacturing (Accounts)  (Online)
                   Department)      |           |
            |         |          物流       社交媒体营销
          样品部门    裁剪      (Logistics)  (Social Media)
          (Sample  (Cutting)                    |
         Department)  |                     公关部门
                    包装                  (PR Department)
                  (Packaging)
```

图3-3
一个典型的企业架构图。
此图显示了企业的结构以及内部各岗位之间的关系。

时尚企业高级管理人员

时尚企业的高级管理人员是时尚界最知名的人才，他们对时尚产业非常了解，可谓是各自领域的翘楚。他们不仅确保企业的顺利运营，也维持着产业的无障碍运转。他们拥有行政权力并通过制定战略决策来让工作顺利展开。位于时尚企业组织架构这一级别的各种职位包括：

时尚创意总监（Fashion creative director）
市场/营销经理（Marketing/Promotions manager）
市场总监（Marketing director）
公关经理（PR manager）
销售总监（Sales director）
设计师团队负责人（Head of fashion designers team）
高级时装设计师（Senior fashion designer）
广告总监（Advertising director）
广告经理（Advertising manager）
采购与销售总监（Buying & merchandising director）
分公司经理（Branch manager）

以下将详细介绍其中的三种职位，首先是时尚创意总监。

时尚创意总监

时尚创意总监在概念开发、领导力、理念沟通和应用相关科技方面引领创意。无论是时装创意总监还是时尚杂志的艺术总监，时尚创意总监可以以任何身份存在。创意总监所需的核心技能是沟通能力、创造力、领导力和对科技的掌握。

沟通能力

时尚创意总监将想法完整传达给团队的关键是有力、清晰的沟通。创意总监要让自己前沿的想法及其愿景通过示意图、正确的措辞和适当的演示形式被整个团队理解，并将其贯彻到最终产品中，让这些理念得以实现。另外，创意总监必须适当倾听团队成员的声音，并将他们的创意融入特定的愿景中。同时，创意总监要能够与时尚界潜在合作伙伴建立工作关系网，这也是一项重要技能。

创造力

创造力是创意总监在制定设计理念时必备的最核心的技能。无论是为零售店或时尚杂志工作，还是为时尚品牌打造新的产品线，建立创造性的愿景都是至关重要的。推出能吸引品牌目标客户的新理念和打造与品牌文化相符的创意愿景同等重要，也是创意总监要具备的关键技能。

领导力

创意总监的领导力能够将所有零散的工作环节组织起来，并让每个时尚项目成为一个整体。为了让产品最终能够将设计理念呈现出来，创意总监要做出许多决策。他们需要很强的能力来控制项目进程，并对色彩、廓型、面料和图案设计这些重要细节的创意做出最终的决策。这些整合工作需要较强的组织能力和时间管理能力，以及在整个生产过程中领导和激励团队中每个成员的能力。

对科技的掌握

创意总监要掌握一定的技术和艺术技能，如CAD技术或摄影技术，以帮助他们将想法通过真实的视觉表达形式传达给团队内外的其他设计师。绘画和摄影技术有助于创意总监在头脑风暴期间记录下想法，艺术技能使创意总监能够创造、分享和交流用语言文字很难描述的设计理念。

营销经理

时尚企业的营销经理身处时尚产业运转的最前端，需要确保其品牌的时尚产品被消费者购买，实现企业销售目标。

职责

时尚企业营销经理的职责是通过成功的品牌宣传活动来树立品牌形象，通过打动品牌的目标受众来提升品牌的销售额和市场份额。

他们需要管理产品从理念确定到最终在消费者面前呈现的整个流程，确保产品以最佳状态到店的品控环节也可能是营销经理职责的一部分。

一旦确定了产品理念，营销经理就要制订营销计划，既包括宣传内容的策划和落实，也包括新产品线的市场调研和创意。他们要参与并策划时装发布会、参加交易会、举办线上或线下营销活动，制作宣传册或开展其他面向品牌目标客户的活动。他们的职责还包括监督新店开业和向所有员工传达品牌形象等事务，确保他们充分了解品牌形象并对外传播清晰且一致的信息。

产业要求

时尚是流动的，一直在有规律地变化着。因此，在这样的环境下，时尚企业需要时尚营销人员将品牌信息传播出去。与其他营销经理一样，时尚产业的营销经理必须能够识别产业内的新兴趋势并说服目标消费者购买。

公关经理

时尚产业是一个依赖于通过创造流行趋势吸引并留住关心时尚动态的群体的世界。时尚公关经理的职责是将品牌形象呈现在公众面前，他们是品牌的代表，负责以创造性的方式让品牌成为媒体的话题，如跟有影响力的时尚博主和记者合作。要想成为一名公关专业人士，你需要具备广告、时装设计、采购、零售、宣传和策划领域的技能。

媒体关系

时尚公关经理的首要目标是推进时尚业务。在多数情况下，"把信息传递出去"是公关经理的主要职责，如与顶尖时尚杂志的编辑合作并撰写有关企业及其产品的文章。这类工作需要从业者拥有商业头脑和对时尚的浓厚兴趣，以便创造出能够产生影响力的时尚媒体资讯。

品牌建设

对公关经理来说，大部分时间都花在了策划和举办时装发布会与各种宣传活动上，为了在公众眼中树立品牌形象。他们工作中最重要的职责之一是明确品牌定义和维护公司的品牌形象。顶级的公关经理力求保持品牌信息的清晰和一致，从不传播容易令人混淆的内容。例如，策划的活动必须与品牌风格相符。

信息传递

时尚公关经理有很多时间都在同公司其他成员一起工作，包括设计师、营销经理以及商业合作伙伴，他们有责任激励零售商通过活动推广自己的产品。因此，具备良好的沟通技巧是必不可少的。

时尚企业中级管理人员

这一部分内容将介绍时尚企业中级管理人员的职位，这些职位对公司策略的执行至关重要。他们在公司架构中的地位意味着他们没有决策权，所以他们按照高级管理人员的指示来工作。但是，他们对时尚产业有着透彻的了解，在业内拥有丰富的经验，在公司中发挥着极其重要的作用。

时尚企业中的中级管理人员职位包括：

平面图像设计师（Production artists）

物流经理（Logistic manager）

工作室负责人（Studio management）

商务总监（Commercial director）
视觉陈列师（Visual merchandiser）
客户战略发展师（Client strategist）
目标市场策略师（Target marketing strategist）
高级时装设计师（Senior apparel designer）
造型师（Fashion stylist）
高级摄影师（Senior photographer）
图案设计师（Surface pattern designer）
工作室生产经理（Studio production manager）
时装设计师（Fashion designer）

物流经理

"物流"是指对提供商品或服务的活动进行规划、组织和管理。物流和配送经理负责与运输公司接洽，管理分销机构，并与代理人合作，以确保运营顺利进行。大多数物流经理都拥有运输领域的资质或学位，这使他们能够对运输过程进行规划，确保货物的运输保时、保质和保量。

职责

物流经理的日常工作包括在配送中心确保进货材料妥善储存，以及出库商品准确、有序，还包括准备合同、审核发票和海关文件，与运输公司就服务和费用进行谈判。他们可能也需要解决供应商、运输公司和员工出现的问题。审核配送中心的工作量和安排工作进度也是其工作职责的一部分。物流经理有时还需要负责降低成本，但这往往要结合客户需求，找到既满足其需求又节约成本的最佳方法。

根据美国劳工部职业信息网站（ONET Online）提供的数据显示，74%的物流经理拥有学位，其中17%拥有硕士学位。物流经理要有在配送中心多年的工作经验后，才能申请经理职位。同时，可以操作复杂的并且能够用于管理库存和采购的计算机软件是物流经理的必备技能。

最后需要说明的是，物流经理必须能迅速解决临时出现的问题以确保工作进度不受影响，因此，他们常常因为工作节奏快而承受巨大压力。

生产经理

即使是对最优秀、最有经验的时装设计师来说，每年创作出两个时装系列也是一项具有挑战性的工作。如果没有忠诚的员工协助，这项任务几乎是不可能完成的。生产经理就是时尚企业中最重要的角色之一，而这个关键职位需要一个有组织头脑、对细节充满热情、有责任感，并且能积极实现设计师理念的人。如果你能够同时处理多项任务，那你可能会很适合这个职位。

生产经理必备素养

时尚企业的生产经理这个职位并不总是对学历有要求，这可能会让人感到意外。但是从招聘广告中发布的消息可以发现，这个职位最看重的是组织能力和能长时间工作的意愿。这并不意味着学历没有意义，而是说积累经验与技能也是通向这个职位的一条道路。除了组织能力和管理能力外，与团队成员沟通的能力和掌握其他语言也是其必备素养。

职责

时尚企业的生产经理最主要的任务是监管海内外工厂和工作室里一切与样衣生产有关的事务。样衣生产过程中的设计变更是每季新系列发布成功的基础，而确保这一切能顺利进行正是生产经理的责任。他们可能要为设计师核算新系列的生产成本，密切关注新系列的进展，记录开发新系列所产生的各种费用。加强设计师与面辅料批发商之间的联络和沟通也是生产经理工作的重点，除此之外，他们还要在临近最后期限和交货期时不断审查新系列需要的原材料的库存。

活动管理

有时，时尚企业的生产经理还承担活动经理的职责，工作内容包括预约和管理模特及发型师，以确保最终形象与设计师要传达的理念相符。他们可能还要负责为不同地点举办的时装发布会制定时间表，因为设计师每季的新系列在多个地点进行展示并不罕见。生产经理可能要负责这些活动的协调工作，特别是时装周期间。

公共关系协调

顶级设计师可能会聘请公关专业人士来负责宣传，但生产经理的职责是应对媒体和八卦新闻时，按照"沟通要点"一字不差地传达品牌理念。他们也会为记者和媒体撰写新闻稿等资料。

> **"一字不差"的关键**
>
> 生产经理向媒体和八卦新闻传达品牌理念时，表述内容要与理念的内容完全一致。

差旅协调

生产经理要掌握与出行相关的重要信息，他们要知道哪些酒店较为舒适，哪些航空公司的服务可能影响旅途心情，以及其他可能对旅途产生影响的内部消息。为了确保时装发布会的成功，生产经理要随时待命，照顾VIP来宾、关注后台运转和处理紧急的细节问题。

时装设计师

职责

时装设计师通过研究流行趋势形成设计理念，再通过服装或配饰设计来诠释这些理念。这一职位的性质可能会因类型不同和市场不同而异。大多数设计师为服装生产商工作，工作时间固定。然而，一些设计师以自由职业者的身份工作，工作时间更长、压力更大，还有一些设计师自己经营小型企业，为自己工作（详情请参见本书第7章内容）。

设计师的职责是监督从理念形成到最终产品呈现的创作过程，他们也可能会参与这之后直至试衣的整个过程。企业越小，设计师的责任就越大。例如，小企业的设计师可能还要负责制板和缝纫，而在大企业中，这些任务会由特定团队完成。

设计和生产过程

品牌的市场定位决定了设计和生产过程。快时尚品牌的设计师可能专注于特定类别的服装，如外套或连衣裙，而较小规模企业的设计师可能要负责设计整个系列中各个品类的时尚产品。

今天的时装设计师还需要具备计算机知识，因为大部分设计工作都是使用计算机软件完成的。CAD软件在时尚产品设计领域的应用越来越广泛，有些设计师会先手绘草图再将其输入电脑。这样做可以节省时间和成本，因为在电脑上可以快速完善色彩和细节。

在时尚企业获得时装设计师一职的关键是拥有设计学专业的学位，这项教育经历不仅能让你掌握色彩、结构、纺织品、流行趋势以及时尚的历史和内涵等知识，还可以让你掌握制板和裁剪等设计技能。同时，在学习的过程中，未来的设计师可以更好地了解服装生产过程，并提高自己根据客户需求改进服装功能、合体度和美感的能力与技巧。

出行和参加时装发布会

时装设计师为了与全球客户交流，经常穿梭在世界各地。

时装设计师大多都有助手，但在大多数情况下，设计师要自己负责整场时装发布会，所以他们要参与挑选模特和场地等工作，还要设定发布会的演出基调。

时尚企业初级管理人员

时尚企业架构中的初级管理人员属于二级员工，他们从中级管理层那里获得指示，负责各种具体工作的实施（图3-5）。这一级别的各种职位包括：

市场协调专员（Communications coordinator）
设计师助理（Assistant fashion designer）
高级配饰设计师（Senior accessory designer）
配饰设计师（Accessory designer）
服装设计师（Garment designer）
时尚艺术总监（Fashion art director）
配色师（Colourist）
零售经理（Retail manager）
助理摄影师（Assistant photographer）
门店经理（Store manager）
趋势预测家（Trend forecaster）
纺织品设计师（Textile designer）
活动协调专员（Event coordinator）
样衣师（Sample cutter）
样衣室主管（Sample room manager）
客户代表（Customer representative）

零售经理

时装零售经理的职责通常包括管理时装店和销售人员两部分，如负责招聘、进行员工培训、处理客户需求、保证店铺经营正常运转等。团队管理能力、沟通技巧、领导力和决策力对这个职位来说是必不可少的。

零售经理可能要经常处理客户投诉，因此，他们的关键技能之一就是能够安抚客户。此外，零售经理还必须懂得商品陈列，理解消费者需求，并且知道如何促成每一单销售（图3-4）。

样衣室主管

样衣室主管的工作是管理样衣制作团队，并带领众多团队成员制作新系列所需的样品服装。样衣室主管不仅必须有高超的制板技术和服装结构知识，还要能够管理员工并领导他们进行跨部门合作。这一职位必备的其他专业技能包括创造力、试衣经验、强大的组织能力和解决问题的能力。

活动协调专员

如果你对时尚活动协调专员的工作感兴趣，那么了解以下三种主要类型的时尚活动非常重要：

- 产品上市。
- 时装发布会。
- 时尚颁奖典礼。

时装周一般持续一周左右，是时尚产业举办活动最密集的一周。时装设计师、时尚品牌和顶级设计公司通过时装发布会展示自家最新的产品系列，时尚买手和专业媒体由此获得最新流行趋势，时尚企业据此获悉什么会流行和什么会过时。春夏时装周在9月举行，秋冬时装周在2月举行。四个最重要的时装周分别在四个时尚之都举行，即纽约、伦敦、米兰和巴黎时装周。但世界范围内还有很多其他时装周，并且数量在不断增长（更多关于这方面的内容请参阅本书第6章）。

活动协调专员要负责时尚活动从最初策划到最终举办的方方面面，主办方则决定着是否会有助理和经理来协助他们。如果是小型活动，活动协调专员可能要一个人负责全部流程。

图3-4
初级管理人员。
时尚零售经理、样衣室主管和活动协调专员都是企业组织架构中的初级职位。
上图：© Bloomberg via Getty Images
下图：© markhanna via Getty Images

时尚管理人员在时尚企业的不同层级中扮演着不同角色，承担着不同责任。无论是在大型服装企业、精品店还是奥特莱斯连锁店，时尚管理人员都发挥着重要作用。虽然职权范围会有所不同，但管理人员都会在一定程度上参与时尚业务的规划、设计、开发、资源配置以及商品和服务的交付。

本书后文将概述一些适用于时尚产业的基础管理理论和模型（更多有关于营销的内容请参见本书第5章），其中有些模型是上述讲到的某些管理人员负责活动规划和策略制定工作的基础工具，尤其是对涉及营销和管理的职位来说。

时尚管理基础理论

管理理论是关于如何管理企业或组织的理论的集合，用于提高公司的生产水平和组织效率。大多数管理者在实施战略时不会使用单一的方法或理论，而是根据具体行业或业务的需要选取一些理论来综合运用。管理理论帮助管理者将理论与他们的业务和目标联系起来，并指导他们如何实施有效的措施来实现目标并达到预期标准。以下部分将概述一些基本理论，这些理论将有助于理解品牌为了在市场中保持成功地位需要考虑哪些因素，特别是营销领域。

时尚企业业务分析

时尚企业进行业务分析的目标是要深入了解企业目前的状态，而这要基于详细的最新信息，包括组织结构、成本、利润、管理、销售和其他方面的因素。在考虑新项目推广、新产品线创立或新门店开立这类业务时，战略计划要涉及各种不同的分析流程。关注营销能力和企业的资源与前景，是企业从营销角度进行自我分析的核心。

下面将简述管理人员为确保业务成功而开展的核心活动。

价值链

在企业的商业活动中经常使用一种被称为"价值链"（Value Chain）的分析模型，用于考察建立竞争优势的基础。这个概念也被称为"波特价值链模型"（Porter's Value Chain Model），聚焦于将投入成本转化为产品的系统和流程。波特（Porter）从这个角度说明了所有企业共有的一系列日常活动，然后将这些活动分为基本活动（Primary Activities）和支持性活动（Support Activities）。

术语"价值链分析"（Value Chain Analysis，VCA）可以被描述为用于分析品牌或企业内部活动的工具（读者可以自行在网上找到模型图例）。使用这个模型的目的是确定哪些活动对品牌最有价值，哪些活动可以改进，以便为品牌提升竞争优势。

波特于1985年将其价值链模型引入了商业界，而对于时尚界来说，这个模型体现了时尚企业为了生产时尚产品和提供服务所进行的内部活动。虽然基本流程已经可以直接增加价值，但它们并不总是最重要的。现在，企业提升竞争优势可以通过技术创新、新商业模式，或者研发流程。相反，基本流程往往是成本优势的保障，因为花销在流程中可以被轻松确认从而得到有效管理。

创造力

创造力在商业活动中很重要，尤其是对于需要与最新流行趋势融合并在竞争中保持领先地位的时尚产业来说。在时尚产业中，创造力和创造性思维就是做出新颖设计和想出独特策略。创造性思维是企业取得成功的关键要素之一，在变化迅速的创意时尚环境中更是如此。有远见的管理者要鼓励创造性思维，以防止运营停滞并保障业务向前发展。然而，对于一些管理者来说，创造性思维并不总是很容易激发，这时就需要一些激励措施的辅助。有一些技巧可以协助推进这个过程，激发更多员工的创造力，让企业从中受益。

以下是一些帮助企业员工开拓想法和激发创意的常用策略。

思维导图

采取思维导图的方式，可以让团队成员就某个主题提出自己的想法，而不用去考虑实用性如何，鼓励大家跳出固定的思维模式，从而找到原本可能不会想到的解决办法。这种方法仿佛消除了现实中的各种限制，让大家的想法自由浮现，然后把它们塑造成可行的解决方案。

提出假设性问题

提出假设性问题可以带来新的发现，从而促进产品的增长和进步。例如，如果我们做这种类型的服装系列会怎样？如果我们拓展到配件领域会怎样？如果我们再开一家门店专门经营配饰怎么样？如果我们把主要竞争对手收购了会怎么样……诸如此类的问题都可以提出。假设性问题经常被用作设计理念的来源。

角色扮演

这种类型的活动可以提供不同的视角，引导你找到有用的想法。例如，销售人员扮成客户能让他们对客户体验有更清晰的认识，从而发现问题并制订解决方案。

"打破"技巧

"打破"是一个激发创造性思维的过程。在这个过程中，你要有意识地拒绝某种"老生常谈"，以便创造出不同的做事方法。例如，你可能会提议把工作室里所有的缝纫机都停用，这将帮助你思考你要如何制作样衣并想到新的样衣制作方法。虽然从表面上看这不是一个好的策略，但它可能会帮助你在制造和设计过程中找到新的、有趣的方法。

时尚产业分析

时尚产业主要由许多大型零售商和品牌组成，它们占据了很大的市场份额，但许多小型企业、精品店和小众商店也是市场的一部分。较大规模的供应商比小规模的供应商更有优势，因为他们可以获得更低的价格和更多资源。但所有零售商和供应商都要对产品更新保持一定的敏感度，以便为这个迅速变化的产业服务。产业生命周期理论可以在某种程度上解释产品和服务如何随时间的推移而变化。

产业生命周期理念

一个产业的生命周期是有明显变化的，简单说来可以分为初创期、成长期、成熟期和衰退期四个阶段。产业会不断更新产品和服务，并随着时间的推移而发展。

例如，趋势预测者起初通过出版刊物的形式按季节向设计师传达流行趋势。但今天，我们可以用移动应用程序在线上了解产品、服务和流行趋势。

这些阶段对所有产业来说都是相似的，只是有些产业会以不同的方式来体验它们。企业的战略规划将取决于企业所处的阶段，如果企业想延长自己的生命周期，就要开发新产品或发掘产品的新用途。时尚企业必须研究新趋势和开发新产品，并向目标客户进行营销，否则企业很难生存和发展。通过对比销售情况与企业在产业生命周期模型中所处的阶段，可以得出企业的最新发展动态。

例如，在初创期，销售通常较为缓慢，销量通常较低。到了成长期，销量会猛增，然后在成熟期保持平稳。过了一段时间后，产品会进入衰退期，销量下滑。通常而言，随着产品生命周期的推移，企业的利润会增加。根据规模经济理论，企业通常能够随着时间的推移降低成本，提供更优惠的销售价格。

市场分析

市场分析的目的是了解市场动态和公司前景。识别新出现的关键成功因素、威胁、趋势和机会，使公司收集和分析信息的目的更明确。发现市场缺口的关键是要衡量市场规模、识别发展趋势以及预测市场走势，从而制定对应战略。"预测"是分析这些情况的一种常用方法，根据时间长短，预测活动有长期、中期和短期之分。

初创期是产业刚起步的时期，是新产品类别被引入市场、新行业诞生的时期。在这一阶段，这些新企业可能在业内"独树一帜"。营销者有时用"?"来表示这一阶段的产品，因为能否成功与使用寿命长短这些关键问题在业内是未知的和未经证实的。

此阶段的营销策略在于聚焦那些被称为"早期采用者"或"创新者"的人。市场需求会从初创期后开始增加，产品逐渐进入成长期。

成长期需要大量资金的投入，一部分用于持续的营销投入，另一部分用于投资工厂和设备来生产满足消费者需求的产品。由于规模效应，产业在这个阶段会更加趋向于生产标准化产品。由于快速增长的销量和逐渐扩大的市场份额，营销部门也将这一阶段的产品称为"明星产品"。

成熟期意味着产品销售速度已经放缓。在这个阶段，较晚进入市场的竞争者试图竞争现有产品的市场份额。这时，企业的营销必须保持强劲势头，并强调产品差异的重要性，以刺激销售。

当产品不能及时更新时，就会进入衰退期。在任何产业中，产品走向衰落都是不可避免的。新技术的出现导致产业落后时，销售将受到影响，产品将进入生命周期中的衰退阶段。到了这个阶段，企业会继续在市场上参与竞争，但同时需要考虑如何保持竞争力或实现增长。

预测示例

短期预测

如今的时尚企业能够在线获取即时信息和流行趋势。

短期预测过程

许多时尚企业都需要每周更新信息，他们会收到预测机构定期发来的最新趋势信息，特别是在新一季服装季开始的时候。

长期预测

对一些企业来说，长期趋势的准确分析和报告比获取每周快速更新的趋势信息更重要。长期预测有利于企业进行规划，因为精准的信息提供了深入洞察产业内部的结果，为设计新产品或实施新战略提供了时间。

正如第2章所述，一些机构的长期预测提前18个月甚至2年就开始了，对面料、色彩等提供与时俱进的详细分析。

市场营销管理理论与模型

本节简要介绍时尚管理人员需要经常考虑的营销活动。

时尚市场营销环境概述

"市场营销环境"是一个术语，指的是企业需要做什么才能与客户保持良好的关系。"营销环境"包括宏观和微观营销环境，涵盖社会、经济、政治、法律、人口和科技等影响因素。下面将重点介绍市场营销环境下企业营销战略的性质和目的、制定方式，以及与保持竞争优势相关的各种举措。

营销经理战略规划

有许多模型和方法可用于分析企业的定位、产品和服务，以便通过制订计划和战略规划来保持或获得竞争优势。在这一点上，时尚企业与其他企业一致。因此，商业经营管理原则同样适用于时尚领域。营销经理要对自家时尚品牌的核心产品、活动和流程了如指掌，并且能够通过营销理论和模型做出下一步行动的决策。

市场营销策略

时尚品牌成功的关键是品牌故事能否引起消费者共鸣，品牌要想让消费者响应品牌的号召，合适的战略规划非常重要。

战略规划用于确定优先事项、集中资源、提升运营能力，并确保每个成员都朝着相同的目标努力，让企业在不断变化的环境中能及时调整自己做出相应的改变。企业通过战略规划制定关键决策和展开行动，所以说战略规划塑造着企业、指导着企业、决定着企业为谁服务。战略规划着眼于未来，不仅指明了企业前进的方向，还说明了实现的方式和成功的标准。对于时尚营销而言，这意味着战略规划将会带领品牌成为行业特定领域的市场领导者。因此，市场营销策略是基于市场调研为品牌制定的适宜且具体的市场营销组合（Markewting Mix）规划。

考虑适当的营销组合是制定策略的出发点，每个企业都需要有非常明确的营销目标，而实现目标的关键就是所选择的策略。

制定战略需要创立明确的短期和长期目标，这些目标是构建战略框架的基础。之后，企业就可以安排日常工作来实现目标。因此，市场营销就是针对发现、预测和满足客户需求这些目的来做规划，从而赚取利润，战略规划过程就是市场营销的核心。要做出最佳的营销策略就要考虑诸多方面的因素，本节之后将概述更多关于这一方面的详细内容。

市场营销环境

宏观和微观营销环境都对时尚营销活动有重大影响，需要在决策过程中深入思考很多因素，斟酌这些因素是否有利于提高营销活动成功率和品牌长期声誉。

时尚企业需要对不断变化的市场营销环境做出回应，并根据市场营销环境调整自己，这样才能生存。企业也可以根据自己的利益来改变市场营销环境，前提是了解能够改变市场营销环境的因素和力量。理想情况下，企业在变化发生时能够及时做出回应，甚至很早就预测了变化的到来。如果做不到这样，企业就会被置于危险境地，可能无法长期生存下去。但是，企业不一定要等着去适应变化，也可以对市场营销环境施加自己的影响。实现这一点的方法之一是认识到技术变革在市场营销环境中的重要性，并开发新技术将其商业化，让新技术成为市场营销环境的一部分，从而去影响其他企业。例如，利用新兴科技让品牌的世界变得更丰富，让品牌可以和消费者产生良好互动，从而吸引更多的消费者进店消费。于是，越来越多的零售商对市场营销环境中的变化做出反应，也开始利用新技术增强客户体验，如交互式户外广告、虚拟试衣间等。

企业内部与外部环境

影响企业营销的环境因素整体可分为企业内部环境和企业外部环境，这些因素可能对公司的营销策略和商业环境产生影响，尤其是政治、经济、社会和技术因素。这四种因素通常被统称为PEST（图3-5）。

PEST分析模型被视为一种可用于了解市场增长或衰退的业务分析工具，让企业清楚自己的市场定位和潜在发展方向。PEST模型和SWOT模型等其他模型一样，可用于审视企业、品牌战略以及某些特定情况或理念。PEST模型有助于高效发展理念，并经常用于业务规划和业务报告。PEST模型的四个关键视角主要是外部因素，而SWOT模型是内外因素各占一半，因此应在完成PEST分析后再进行SWOT分析。两个模型的主要目标都是让品牌的产品和服务能迎合市场的机遇,以及应对市场的挑战。

企业可以在一定程度上控制其内部环境,但不可能以同样的方式或在同等程度上控制其外部环境,只能试图影响其外部环境。

下文的案例研究将讨论普拉达集团如何成功定位了缪缪(Miu Miu)和普拉达两个品牌,以及如何通过大力投资市场营销和雄心勃勃的全球扩张计划,将其商业版图从意大利拓展到全世界。

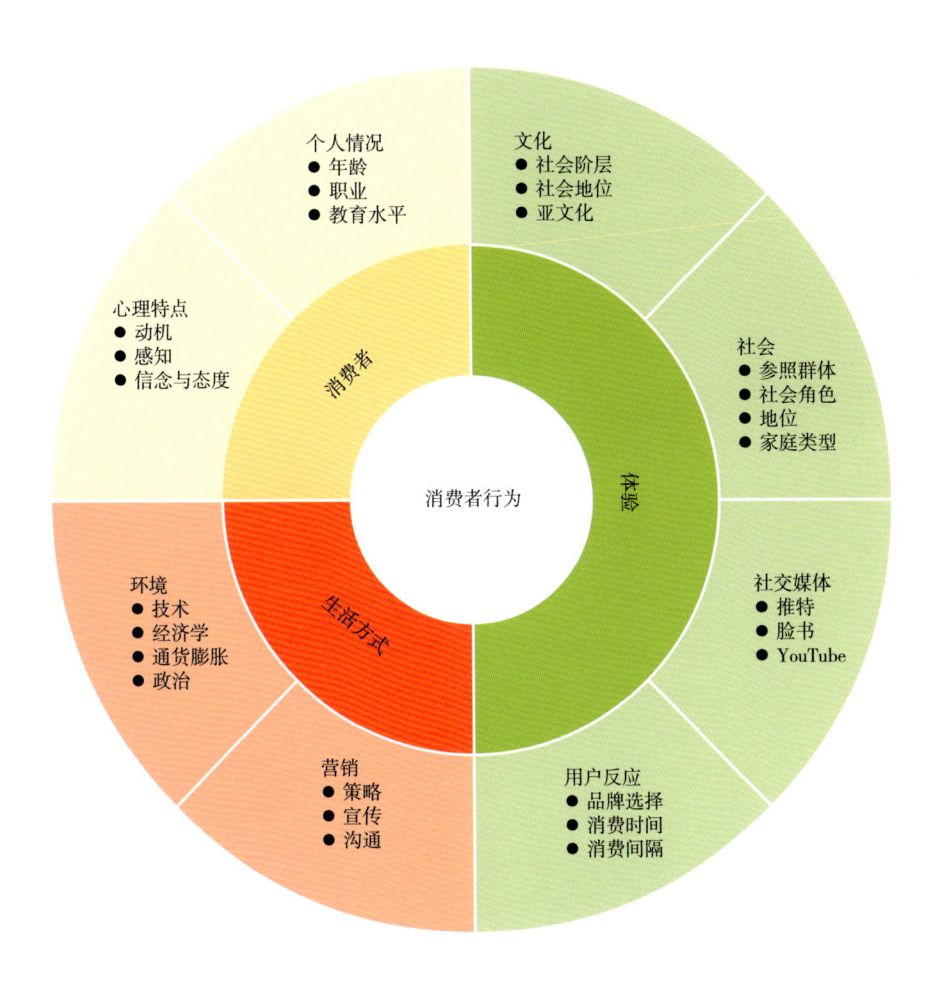

图3-5
政治、经济、社会和技术四个因素常被统称为PEST。

消费者行为

消费者
- 个人情况:年龄、职业、教育水平
- 心理特点:动机、感知、信念与态度

体验
- 文化:社会阶层、社会地位、亚文化
- 社会:参照群体、社会角色、地位、家庭类型
- 社交媒体:推特、脸书、YouTube
- 用户反应:品牌选择、消费时间、消费间隔

生活方式
- 环境:技术、经济学、通货膨胀、政治
- 营销:策略、宣传、沟通

案例研究：普拉达

普拉达是由马里奥·普拉达于1913年在意大利创立的品牌。今天，普拉达集团已是奢侈品行业的佼佼者，设计、制造和销售皮具、箱包、服装、鞋履、眼镜、配饰和香氛（图3-6）。公司旗下拥有并经营四个时尚品牌，即普拉达、缪缪、Car Shoe和Church's。普拉达品牌在全球有345家直营店和30家特许经营店，并在纽约的萨克斯第五大道精品百货店（Saks Fifth Avenue）、伦敦的哈罗德百货公司（Harrods）、柏林的卡迪威百货公司（KaDeWe）等高端零售场所销售其产品。普拉达集团现已在中国香港证券交易所上市，股票代码为1913，并于2011年6月进行了首次公开募股（IPO）。

> 2011年6月24日，普拉达股份公司（HKSE：1913）拿出20%的股份通过香港证券交易所上市，公司估值为92亿欧元。

自从品牌创始人马里奥·普拉达在米兰埃玛努埃尔二世长廊（Galleria Vittorio Emanuele II）开设了一家销售皮包、化妆箱和皮革饰品的小店以后，普拉达就成了优雅和时尚的代名词。在100多年的时间里，该家族企业从一间商店发展为全球知名品牌，并成为世界领先的高级定制和奢侈品生产商、销售商之一，其取得的这些成就离不开成功的商业战略。

除了经常引领最新潮流，普拉达集团不断开发的新产品线是其成功的重要原因之一。普拉达的设计人员有着极强的产品开发能力，在皮具产品这一传统优势的基础上，非常成功地将产品线拓展到了鞋履、香氛、眼镜和成衣领域。

此外，普拉达集团展开了雄心勃勃的全球扩张计划，成功将其商业版图从意大利拓展到全世界，并在三大洲设有门店，从而为该品牌在几个市场立足提供了强大的支撑。

普拉达集团通过收购其他品牌进一步实现了其产品线的扩张。这些品牌在各自市场的实力和影响力为普拉达集团提供了综合产品和品牌，为普拉达这一主要品牌提供了支撑。在收购了英国鞋履品牌Church's和意大利鞋履制造商Car Shoe之后，普拉达集团在2014年收购了安杰洛迈凯有限公司（Angelo Marchesi Srl）80%的股份，由此将1824年在米兰成立的糕点店Pasticceria Marchesi纳入了普拉达集团。

高端时尚品牌缪缪旨在吸引更年轻、更前卫的女性消费者。品牌获得了众多明星、模特的喜爱，并邀请了凯蒂·霍尔姆斯（Katie Holmes）、金塔·拉皮娜（Ginta Lapina）和林赛·罗韩（Lindsey Lohan）等女星作为形象代言人进行推广。

普拉达集团通过大力投资营销活动，成功定位了缪缪和普拉达两个品牌。集团精心和富有创意的产品推广让两个品牌享有盛誉并备受追捧，品牌标志广受认可，并已成为风格、精致和文雅的代名词。

图3-6
普拉达集团是奢侈品行业的佼佼者，设计、制造和销售皮具、箱包、鞋履、服装、配饰、眼镜和香氛产品。
© FG/Bauer-Griffin via Getty Images

本章小结

本章概述了时尚管理基础理论和市场营销管理理论与模型，涵盖了从纺织厂制造到成品销售的过程，并着重介绍了整个价值链中负责实现设计理念、满足潜在客户需求、为公司或品牌制定成功战略的各种职位与其工作内容。

时尚产业的成功运转依赖于多个领域内的数百万雇员在世界范围内协同运作，每个领域在产业中都有自己的位置和责任，在共同努力满足消费者的时尚需求的同时，确保自己能够盈利。

营销经理的主要工作内容之一是制定营销策略和策划营销活动。战略规划是时尚企业成功的关键，对实现既定目标起着关键作用。

宏观和微观营销环境对时尚营销活动的成功有重要影响。在决策过程中，企业必须考虑到这些因素，以确保品牌的营销活动和声誉保持长期优势。

与其他企业一样，时尚企业要想生存，就要通过调整内部环境和开发新产品与提供新服务来应对不断变化的外部环境。如果他们有足够的能力，他们甚至可以根据自己的目标去改变市场营销环境。在这种情况下，掌握能够引起环境变化的因素和力量是管理者的一项关键技能。

客户需求也是企业必备信息之一。通过对客户行为进行分析，了解他们选择、购买、维护和使用产品、体验和服务的过程，营销人员能够了解消费者在做出购买决策前可能经历的复杂的信息搜索和评估过程。这有助于公司或品牌开发对目标消费者具有极大吸引力的产品，从而推动销售，并在市场中获得竞争优势。

案例研究与章节回顾

问题1：请阐述普拉达集团及其产品线。

问题2：普拉达集团的成功得益于一系列成功的商业战略。请选取其中一个战略进行说明，并解释它为什么能为普拉达集团带来成功。

问题3：收购现有品牌的做法丰富了普拉达集团的产品线，这些被收购的品牌是哪些？它们为什么对普拉达集团拓展产品线有利？

问题4：普拉达集团通过大力营销，成功定位了缪缪和普拉达两个品牌。请阐述普拉达集团的营销策略。

自测表

1. 请列出时尚企业开展商业活动的关键领域。
2. 是什么影响了全球纺织品制造和生产地点的变化?
3. 请阐述线上零售和实体店零售的区别。
4. 请选取时尚企业中三个不同的管理职位并分别阐述其工作内容和职责范围。
5. 请阐述价值链分析法(VCA)。
6. 概述并解释产业生命周期的四个关键阶段。
7. "预测"是一种常用的市场分析方法。请说出三种不同的预测方法。
8. 战略规划用于确定优先事项。请说明为什么这对公司很重要。
9. 请阐述企业可以做些什么来改变外部环境。
10. PEST模型和SWOT模型的区别是什么?

练习

如何打造你的商业品牌

本章已经论述了市场营销中创造力的重要性，下面我们来做一个这样的练习。请打开你的思维，跟随下列步骤，创建一个可视化图像来协助打造商业品牌。

第1步

创造一幅消费者画像，描绘出目标消费者的特点。

第2步

思考你能为这些目标消费者解决什么问题，并把它们罗列出来。

第3步

问问自己消费者认为你是如何解决了他们的问题的？把可能的想法通过绘制文字框的方式表现出来。

第4步

当你解决了这些问题，别人会作何评价？把竞争对手罗列出来，并写下他们可能会说的话。

第5步

你认为问题是如何解决的？让自己以一个引领者的身份出现，并引领你的消费者跟随你找到解决问题的方法。

在头脑风暴的过程中使用这些图像、图解和文字框，其优势在于可以调动你头脑中每一个完全不同的思路。通过简单地说明消费者的情况、问题和可能的解决方案，你会找到此前完全想不到的新想法和信息。

西蒙·约翰逊（Simon Johnson）专访

Gant设计经理

问：你在哪里就读？攻读了什么学位？

答：我从利物浦约翰摩尔大学（Liverpool John Moores）获得了服装设计学士学位，并在曼彻斯特城市大学（Manchester Metropolitan）获得了服装技术学士学位。

问：你的专长是什么？请分享一下你之前的行业经验。

答：我之前一直在男装设计领域工作，而且主要在英国工作。我在不同规模的公司工作过，有些公司已经有一百多年的历史了，有些只成立了三十几年。像大多数刚毕业的设计师一样，我从设计助理开始做起，至今为止，已经在男装设计的各个领域工作过。我主要做商业化设计，但在有些公司会参与更富艺术性的设计工作。

问：你最初是如何进入服装设计的管理层工作的？

答：我进入设计行业管理层的方式在行业里很普遍。我们这种在行业里有一定年限工作经验并且经历了逐层晋升的设计师，对时尚产业的内部运作机制已经有了整体的把握。例如，高级设计师的工作中可能会涉及一些管理职责。我就是这样进入设计行业管理层的，我的许多同事也是如此。在我看来，这是一种"柔性管理"，因为我们负责支持设计过程，但几乎不涉及相关设计师的人事管理，像员工的薪资、处分、升职这些事情通常由设计部门主管负责。

问：你认为你的学位对你当上设计经理有帮助吗？

答：并不是都有帮助。我在利物浦约翰摩尔学习的第一门课程专注于提炼和打磨创造力，我决定再去曼彻斯特城市大学深造是因为我想更好地了解服装行业的技术领域。那里的课程把时尚产业细分成从成本核算到生产图例制作的各个科目，似乎更符合我的职业发展需要。在曼彻斯特城市大学，我们学习了制图、品类策划、成本核算、质量控制、纺织品设计、针织品设计、生产制造、制板、放码、CAD（设计和样板处理）以及设计开发。

问：在过去的10~15年中，时尚管理相关课程的开设在全球范围内出现了巨大的增长。你认为专业化课程对时尚产业重要吗？

答：我觉得很重要。太多设计师进入了管理层却无法胜任这项工作，有些人没有能力胜任这些工作，有些人则没有好的工作习惯。

问：时尚产业已经发展得越来越精密复杂，时尚企业需要能让业务更上一层楼的人才。具体而言，你认为互联网如何改变了服装设计经理的工作方式？

答：我认为互联网为经理们提供了学习和提升技能的机会，但是大部分内容只要秉持着虚心、为他人着想、真诚的态度就能学到。在YouTube上观看TED演讲并不能造就一名优秀的经理，拥有对行业发展至关重要的基础知识和技能才是关键。

问：研究显示，时尚产业需要更加训练有素的管理人员。对于刚刚进入如今复杂的时尚领域的毕业生来说，你认为他们需要考虑的最重要的事情是什么？

答：他们要具备很强的适应能力，适应能力足够强，才能在这个行业有发展机会。这个行业有许多丧失信心的人，而这种负能量将滋生更多的负能量，所以对适应能力较差的人来说是一个恶性循环。

问：对于想要进入时尚企业担任设计经理的学生，你有什么建议呢？

答：这是一个很难回答的问题。我会首先问这样的学生：为什么想成为经理？对这份工作的期望是什么？动力是什么？在当前的时尚界，设计经理的职责是较难预测而且多样的。一些公司认为设计经理应是经验丰富的设计师，而另一些公司则期望设计经理对采购和销售领域有基本的了解，还有些企业会期望设计经理有领导能力并受过专业培训。设计经理的职位定义并不明确，并且可能会因公司组织架构不同而有巨大差异。因此，学生要有明确的方向，然后努力让自己梦想成真。

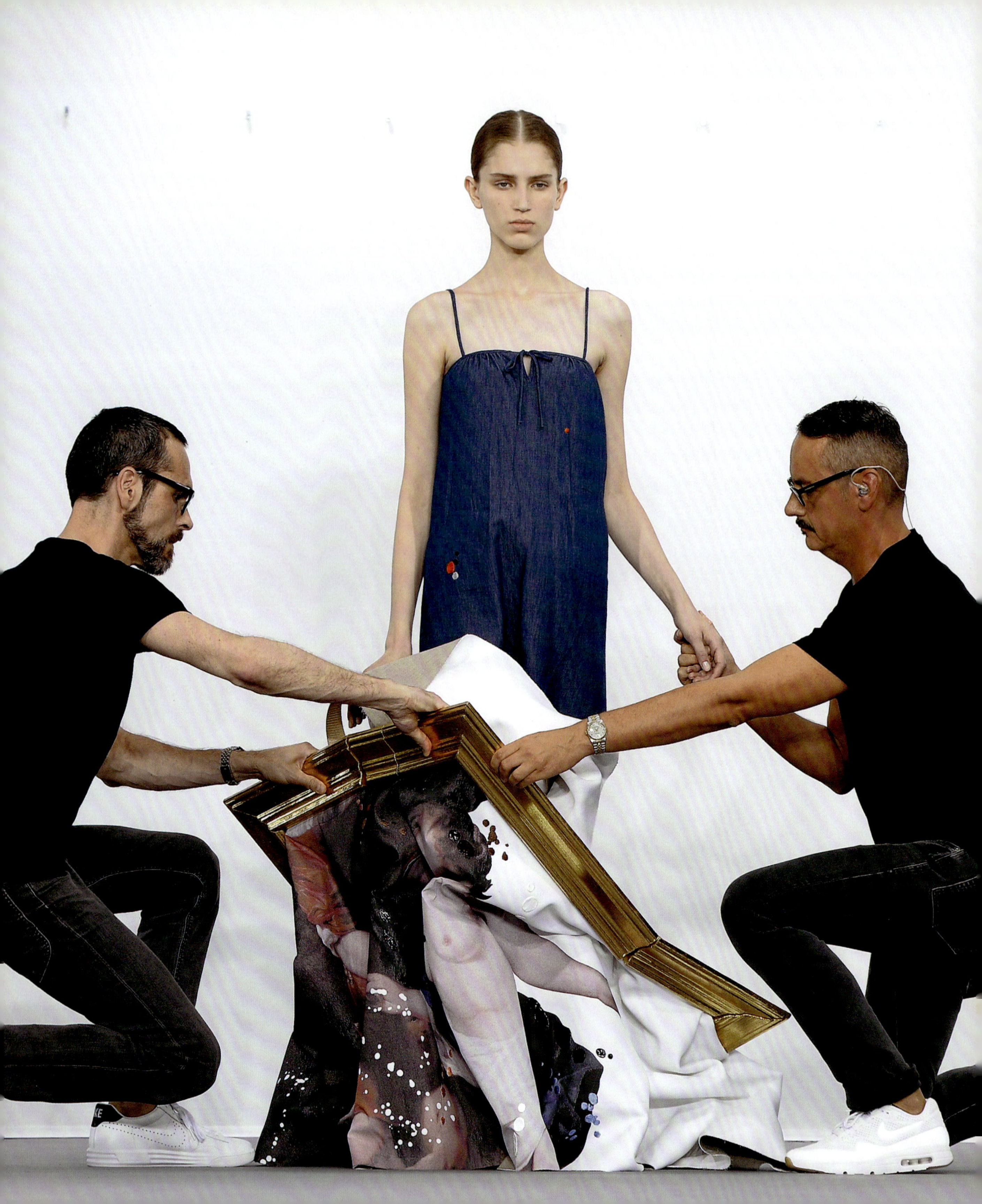

第 4 章

时尚产业链

时尚产品从创作到上架销售是一个复杂的过程，将正确的时尚产品配送到正确的分销渠道更是如此。产品上架销售的这一刻是数月来设计、开发和生产的成果展示，标志着产品从初始创意、时装发布会、工厂制造，到供消费者挑选和购买这一流程的结束，而这一过程中涉及许多工作人员和流程。本章讨论时尚产业链，先介绍时尚买手，再阐述时尚供应链。

本章学习要点：
- 了解时尚买手的角色和责任，以及他们如何为自己所服务的企业赚取最大利润。
- 了解采购周期中涉及的流程和活动，以及影响品类构建的因素。
- 了解跟单员在买手团队中的工作，以及他们对整个采购流程的贡献。
- 了解当今时尚消费者可以使用的线上和线下零售平台。
- 了解时尚零售行业的演变进程。
- 了解科技和社交媒体如何帮助企业与客户建立联系。

左侧图
维果罗夫（Viktor & Rolf）在巴黎时装周发布的2015/2016秋冬系列。
时尚产业链涉及服装供应链中从纱线供应商到消费者的所有阶段。
© Pascal Le Segretain via Getty Images

时尚买手

时尚买手是时尚零售行业中最重要的角色之一，他们负责以合适的价格购买正确的产品，并保证产品及时配送到店销售，以便满足客户的需求。近年来，得益于便捷的国际交流，时尚零售行业在日益富裕的全球经济中取得了可观的增长。在这样的环境下，时尚零售商具有快速提供流行产品的能力是至关重要的。

时尚买手的职责

时尚买手的职责可能因公司而异，但从根本上说，时尚买手需要有扎实的财务知识基础和过硬的分析能力。所有时尚买手的工作都是围绕为特定的消费者和价格区间打造时尚产品系列而展开的，并且他们要确保企业能通过销售这些产品实现每季的财务目标。准备的产品必须适合目标客户，制定的价格要合理还要有利润空间。因此，时尚买手需要全面了解当下的和未来的，以及从T台高级定制系列到大众市场的流行趋势（图4-1）。

随着时尚产业和流行趋势的变化越来越快和不规律，时尚买手必须能够快速做出决策以便领先于市场。买手的职责在大企业和小企业中确实有所不同。在小企业中，买手的工作有时可能会涉及设计和质量控制等创意和技术领域。高街时尚连锁店的买手的职责就和小型独立零售商的买手的职责不同，前者大多会购买一系列品牌的商品，很少有机会或不需要参与产品的设计或开发。此外，美国的买手工作可能包括更多的行政职责，如制定财务投入，而在英国，这通常是采购员工作职责的一部分（本章后面会讲到）。在从工厂生产到上架销售的过程中，买手还可能要负责余额明细表、采购订单、价格信息和营销材料。

图4-1
时尚买手的职责。
时尚买手的职责是根据零售策略开发或采购一系列能够实现目标利润的时尚产品。
© Andrew H. Walker via Getty Images

挑选产品时往往需要经历漫长的谈判过程，买手可能要全天工作，所以还要适应力强和全能，因为工作日程可能是今天在办公桌后面坐着工作一天，第二天又因为各种报告、电话会议、电子邮件和电话忙得团团转。买手还需要善于分析信息和使用计算机，因为他们必须能够解读有关过去和当下潮流的信息，以便预测未来流行趋势。

时尚买手的工作内容几乎总是包含某种形式的国际旅行，而且行程紧凑，需要买手做大量准备。这种国际商务旅行可不是悠闲地观光，出差去参加时尚活动和出席时装发布会听起来光鲜亮丽，但实际上这种跨国旅行往往是短暂而又高压、令人精疲力竭，并不轻松。买手们可能只有短暂的时间对一个产品系列匆匆一瞥，却要能评估出这些服装与流行趋势的关系，以及它们与自己客户的匹配程度。买手们还要过滤大量的信息以便获得适合自己目标市场的关键内容，这也需要在巨大压力下快速完成。此外，零售行业越来越多的技术应用迫使买手和采购员的工作变得更加系统化。无论是哪种类型的时尚零售商，都坚持要求买手和采购员对信息通信技术（ICT）有更深入的了解。在时尚零售行业中，信息通信技术的有效应用是企业未来最重要的竞争优势之一，因为它有助于更准确地确认流行趋势，从而降低商业风险。

总的来说，时尚买手的主要工作是针对目标市场开发系列产品。除了与采购员和质量控制部门等其他部门保持沟通外，买手还需要定期与国内外供应商联络。虽然这个工作可能并不意味着能够在巴黎出席时装发布会，但时尚买手是一个有机会站在时尚界最前沿向市场提供令人兴奋的、充满创意的、流行的时尚和风格并同时可以创造利润的工作，地位至关重要。

如果你想把时尚买手作为职业发展方向，请注意以下几点：

- 边做边学和积累工作经验是成为时尚买手的最佳方式，最初可能会很辛苦，但这是值得的。一旦有了经验证明自己的实力，就可以为时尚买手的职业生涯铺平道路。
- 前瞻性思维和规划能力是必不可少的。服装店的销售工作将带给你实践经验，在买手办公室的工作会让你全面了解这个行业，学位则能证明你具备专业知识和学习能力。
- 要能熟练地使用信息通信技术，并具备较好的管理技能。
- 做好从底层做起、努力工作的准备，并持之以恒，有一天你将会站在顶端。

采购周期

采购周期是指时尚买手为零售店或邮购公司采购服装时涉及的关键活动和流程所用时间。时尚产业的产品上新通常分为春夏和秋冬两个主要季节。然而今天，由于市场竞争和产业的不断发展，时尚企业需要更频繁地推出新品，这导致大多数零售商至少每3个月就推出1个新的服装系列。

采购周期的长短因公司而异。通常而言，从分析当季销售数据到明年的新品交付到店大约

系列

在时尚零售中，"系列"是为销售给客户而开发的服装的集合，可能会因时尚企业不同的规模和结构而有所不同。

图4-2
时装交易会。
参加时装交易会是采购周期中的关键活动，交易会为买手提供了拜访长期合作伙伴和发现新设计师的机会。
© Francis Dean via Getty Images

要一年的时间。例如，英国NEXT公司的买手会在每年8月开始对春夏季销售情况进行分析，并开始通过定向采购寻找来年秋冬系列的灵感。虽然新一季整个服装系列的采购周期可能长达一年之久，但服装公司通常会以更快的速度小规模地开发一些系列或单品，并且大多数买手会保留当季预算的10%~25%（采购限额计划，open-to-buy），根据流行趋势购买"热门产品"。对于那些面向更年轻、时尚敏感度更高的客户的零售商来说，他们的采购周期更短，这样才能更快地追随潮流（图4-2）。这些快时尚产品首要考虑的是生产速度，而这种快节奏有时会导致产品质量下降。但对于目标客户来说，能以较低的价格购买时尚产品才是首要的，质量问题是次要的。产品批量生产所需的时间可能会根据实际情况不同而有很大差异，但粗略估计，面料生产大约需要6周时间，每个款式的制作大约需要4周时间。这只是一个简单的估算，因为在整个生产过程中还

> **定向采购**
>
> "定向采购"是一个术语，用于描述为获取新一季的设计灵感而进行的实地考察。如果公司的预算允许，大多数时尚买手会到巴黎、纽约、伦敦和米兰等城市进行相关"游览"。

> **一时的风尚**
>
> 一种被广泛接受的流行外观，在极度流行之后又迅速消失，时尚产业中的配饰行业经常出现这种现象。例如，手表行业在装饰繁复的风潮退去后，紧接着又流行起了超大尺寸和塑料材质的设计风格。

有许多其他因素需要考虑。

买手必须获取、分析和评估大量信息才能企划新一季的商品。在这个阶段，买手一边参与主要的时尚活动，一边为目标客户规划产品。他们必须至少每周查看一次最新的销售数据，以便了解目前店内商品的销售状况。营销团队会负责总结本季完整的销售报告，以便能够确定畅销和滞销产品。在新一季的采购周期开始时，买手或整个营销团队（有时也包括设计团队）会先在一起开会，将产品和这些数据对应起来研究。质量控制部门（QC）有时也会加入，但质量问题通常会单独开会来分析和讨论。

在分析数据和掌握了消费者偏好和不喜欢的风格后，买手就可以为新一季的采购建立框架，对新一季服装系列有初步的设想。其他时尚信息，如面料、流行色等，也是这一阶段考虑的因素。例如，如果新服装的颜色不受欢迎，就要以当前流行趋势审视一下该产品，以确定其是否能在新系列中出现。对畅销产品也要谨慎，如果它只是因为符合当下某个"一时的风尚"而大卖，那么它就几乎不会被放入新服装系列。

制定预算是买手工作的关键内容之一，通常会与采购员一起完成。预算很大程度上取决于前一季货品的销售情况，但与财务部门或跟单员相比，买手更了解产品和流行趋势，因此要把他们的专长结合到一起来制定预算。

在设计理念形成之前，可以通过确定款式数量和产品总量预估新系列大概的总体价值。确定款式数量和零售价是产品部门的事情，财务部门有时也会参与新系列的财务规划，但最终决定新系列的款式构成和服装零售价的还是买手。

示例：泰德贝克（Ted Baker）的采购周期

泰德贝克的服装系列旨在满足目标客户的预期需求。这些预期需求是通过分析以往的销售情况和听取设计师、产品部门以及买手的意见得出的。泰德贝克关注着流行趋势及与其相关的其他产业的趋势，如音乐界和娱乐圈，并将这些元素综合成新一季产品的开发理念。除了服装款式外，泰德贝克的设计师还自己开发面料和颜色，用于装饰和点缀那些能让整个系列和谐统一的细节，最终确定的款式会根据生产成本和交付周期进行分组。生产成批服装所需的时间可能会有所不同，但根据泰德贝克的生产数据粗略估计表明，其面料生产约需要6周时间，每个服装款式的生产又另外需要4周左右，因此每个款式都必须提前做好生产时间规划。此外，泰德贝克在整个业务中使用集成系统来控制和帮助库存分配，以管理销售渠道。

快时尚采购周期

近年来，时尚周期逐渐缩短，这主要是因为快时尚品牌销售的服装时尚却不耐穿，大大缩短了消费者的采购周期。这些库存周转迅速而又价格低廉的时尚产品，推动着消费者更频繁地消费。

慢时尚采购周期

现在，慢时尚运动也在逐步兴起。"慢时尚"是指设计、制作和购买质量好、使用寿命长的时尚产品，提倡制造商减缓生产速度。慢时尚希望通过提高生产过程的透明度，能引起更多消费者的共鸣。慢时尚已经开始让时尚产业的某些领域放慢了速度，其中就包括采购周期。

服装商品企划和决策过程

服装系列由多种服装款式组成，有些款式是按照可以彼此搭配的原则推出的，但大多数款式都是作为"独立"的单品被创作出来的。新系列的商品企划重点就是打造一组成本不超出预算范围、能体现设计理念、可以顺利生产和按时交付，并且将会受市场欢迎的服装产品。在商品企划之初，品牌通常会把适合消费者在新一季入手的产品先罗列出来，以便制定预算。同时，大多数品牌会用"经典""潮流必备"或"当代"这些标签为产品分类。在商品企划过程中，买手还要进行大量调研，包括：

- 历史销售数据分析。
- 流行趋势预测。
- 定向采购。
- 比较购物。

比较购物

这是企业的买手和设计团队在开始规划新一季产品时进行的一项工作，他们会去竞争对手的店里考察对方产品的面料、价格、款式等，然后撰写报告分享给整个团队。

商品企划一般提前6~12个月开始，具体时间会因品牌定位与目标客户的差异而不同。越是需要顺应流行趋势的产品，企划过程就越短。对于推崇"经典"的品牌来说，企划周期一般为12个月。

商品企划涉及从选择面料、确定款式到批量生产的全过程，投入成本将根据公司的类型和规模而有所不同。对于原创品牌来说，企划过程还包括设计开发与样衣制作。但对高度依赖买手的品牌来说，需要通过多次会议的讨论来更新和调整选择的款式，最终形成新一季的产品清单。

面料采购由设计师或面料技术人员负责，但是为服装选择面料是买手的职责。买手们经常会在定向购物或比较购物时到巴黎参加Premier Vision（每年在巴黎举办两次的面料博览会），以了解对应季节的趋势概况。对于大多数从服装制造商那里采购服装的品牌来说，设计师将负责面料的选择和采购（图4-3）。

进行采购时，买手需要（有时和产品部门一起）规划好以下内容：

- 产品数量。
- 不同类型服装或其他产品的比例。例如，上衣的数量是多少？下装的数量是多少？它们在全系列中占的比例各是多少？
- 一定要准备的特定款式。
- 成本。
- 销售流程。
- 尺码范围。
- 制造商。
- 订货量。

其他需要考虑的因素有：

- 上市季节和具体时间。
- 历史销售数据。

- 一个款式是否提供不同袖长、领高、颜色等的选择。
- 尺码和零售价。

买手完成规划后会召开款式预选会，向所有买手、产品部门和品控团队展示新系列的样衣。买手需要听取部门经理们对新系列的意见和建议，在会议结束后重新订购新样品，并更新企划方案。预选会上将探讨新一季产品上市的整体策略，也会讨论供应商的选择。预选会只是新系列企划方案不断被审视的开始，因为这毕竟是所有相关部门第一次有机会完整地看到新系列，买手通常要在这次会议后对方案进行多次修改。而最终的款式选择会议用来展示几经调整后的方案的全貌，每个款式的样衣在这个阶段也都已近乎定型了。

总之，商品企划是通过一些基础原则和特定细节来打造新一季的服装系列。这些关键的细节包括：

- 款式、面料和配色。
- 成本和售价。
- 制造商和供应商。
- 尺码。
- 采购数量。

图4-3
设计师选择和采购面料。
© Christian Marquardt via Getty Images

时尚营销

时尚营销属于时尚商业领域，涉及金融、视觉营销、数据分析、趋势预测、营销策略、广告原理、公关、产品开发、采购和零售管理等知识。这一部分将介绍时尚零售行业的营销运作流程，概述营销人员的日常工作，并深入了解采购员和零售商的密切配合。

采购员

采购员在促进产品平衡方面发挥着关键作用。正如前文所述，采购员将与买手一起决策新一季服装系列中不同款式的数量、不同品类的占比，以及必备的特定款式等。

采购员负责从服装批发商和服装制造商处购买将在零售店里展示和销售的服装、鞋履和时尚配饰。这是一项具有挑战性的工作，需要经常拜访服装、鞋履和配饰制造商，参加贸易展览，做出货品采购决策，确定价格，制定广告和营销策略，以确保采购的服装和配饰每一季都能畅销。这个工作还可能涉及追踪流行趋势、管理零售店库存、控制成本和挑选最新的时尚款式在店里售卖。时尚营销需要通过采访、调查等方式了解消费者最新购买趋势，这些工作通常由零售商、时尚营销人员或市场调研部门负责。

与时尚营销相关的业务如下：

- 客户分析。
- 商品企划。
- 制作情绪板。
- 确定流行趋势。
- 流行趋势预测。
- 供应链管理。
- 制定和执行关键流程。
- 时间框架（季节性日历）。
- 利润与零售价。
- 采购和营销活动。

采购员的职责与买手的职责相似，采购团队既要最大限度地提高利润，还要让采购的商品在色彩、面料、款式和廓型等方面与其他团队采购的商品和谐。采购员的工作内容会根据公司的规模及其销售结构的不同而有所不同，采购员通常参与特定服装品类的采购，如夹克或外套。每个品类的采购团队都会有专人负责商品策划和库存分配。

商品管理的工作内容通常分为两个主要部分，即为零售终端规划库存和在终端之间调配库存。库存规划要基于对销售模式和购买趋势的分析，这样采购员才能知道还需要多少面料才能满足预计的销售量，所需的服装数量将根据分析数据被推算出来并上报给采购经理。调配库存的工作内容包括监督和管理运送新商品到分销中心、确保库存水平和采购量符合公司的销售计划（图4-4）。

时尚采购员职责

时尚采购员运用他们的专业知识来整合消费者和设计师的需求。由于时尚采购员必须确保服装能够吸引不同的消费者，因此他们需要经常出席时装发布会，并与各类供应商、制造商和零售商交流，以便预测未来的流行趋势。由于要提供款式时尚的同时价格又有竞争力的商品，时尚采购员的工作节奏通常很快，需要大量的精力和坚忍的毅力。许多时尚采购员都会定期前往国外拜

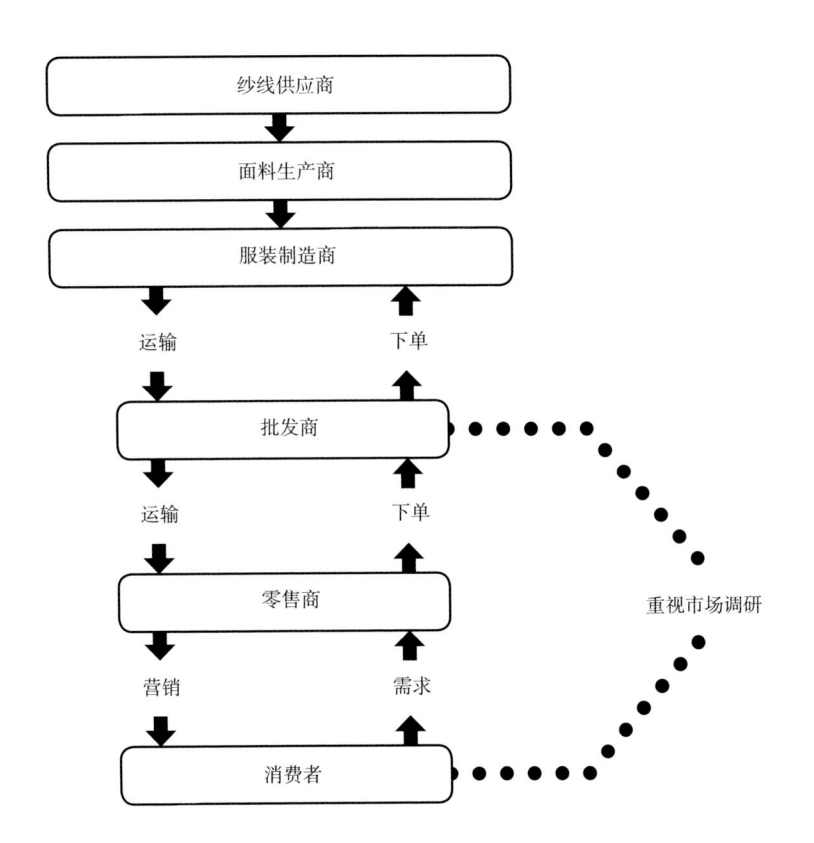

```
纱线供应商
   ↓
面料生产商
   ↓
服装制造商
   ↓          ↑
 运输        下单
   ↓          ↑
  批发商
   ↓          ↑
 运输        下单
   ↓          ↑
  零售商
   ↓          ↑
 营销        需求
   ↓          ↑
  消费者
```

图4-4
时尚营销结构。 如这个通用的营销结构图所示,采购员在供应链管理中起着重要作用。

(虚线标注:重视市场调研)

访生产商并出席时装发布会。

以上这些工作听起来可能很有吸引力。但实际上,商品企划是一项艰巨的任务,需要逻辑还有直觉来确保公司在每一次换季上新都在销售正确的产品。时尚采购员必须有极强的分析、评估和预测能力才能识别未来的宏观和微观趋势。这不是简单地发现趋势,而是要能够根据趋势准确地调整商品企划方案并利落地执行。

采购员可能为时尚买手、分销商、制造商或零售商工作,他们需要具备商业头脑,并对广告、分销、营销、制造和产品开发等领域业务知识有所了解。与服装设计一样,服装企划也是一个竞争激烈的工作领域,拥有一个有关服装营销、企业管理或市场营销的学位通常是入行的门槛。对于想成为大型企业的高级采购经理的人来说,拥有商业领域的硕士学位正变得越来越重要。

全球采购和供应链

全球贸易对服装行业和整个时尚产业的影响推动了"快时尚"概念的产生，也就是高效率、低成本地生产时尚产品。这种"低价时髦"（cheap chic）主导了现在的时尚零售行业，因为消费者可以用很低的价格购入时尚产品，很容易装扮得相对时尚。全球采购是促成时尚产业在过去的几十年里产生变化的主要因素。现在，服装供应链把全球的客户、零售商和制造商联系在一起。

> **全球采购**
>
> 全球采购是指从外部供应商（通常位于国外）处购买产品的零部件。

曾任古驰创意总监的传奇设计师汤姆·福特（Tom Ford）提出，"快时尚让时尚更民主"，因为时尚不再专属于精英，而是更容易被大众接触和购买。现在许多知名的快时尚品牌都在20世纪90年代引领了这一理念，品牌零售门店遍布全球。传统的时尚周期需要6个月来实现商品从设计理念到上架销售的全过程，而快时尚将这个周期缩短到可能不到4个星期。此外，传统零售终端的季节性补货模式也被改变为不断补充新产品的模式，来增加消费者的购买动机。

供应链管理与全球采购

许多因素促使供应链管理和全球采购策略成为公司细节规划的重点。随着消费者对新产品和服务的需求的快速增长、提供高级规划的可行性，以及经济全球化的进一步发展和通信工具的改进，预计在未来的十年时间里，时尚产业的人力资源、信息通讯、会计甚至市场调研等领域的工作，在全球范围内外包的现象将大规模增长。

进口时尚产品

时尚企业在海外生产的服装越来越多，尤其是大型连锁品牌。现在，地球上距离超过12~14个小时飞行时间的地方相对较少。随着国际商务旅行变得越来越便捷，时尚买手和采购员可以在不同国家开展工作。再加上日益迅速、便捷的通信工具，国际化的时尚业务能够在任何地方有效地运行。

现在，进口时尚产品比以往任何时候都更加普遍。全球市场正在迅速扩大，买手可以在做"中间人"的进口商处采购商品，也可以直接从供应商那里采购商品。

进口商

进口商在时尚产业中扮演着重要的角色。长距离采购需要与买手和设计师不同的技能，尽管有些技能确实会重叠，特别是在远程沟通产品详

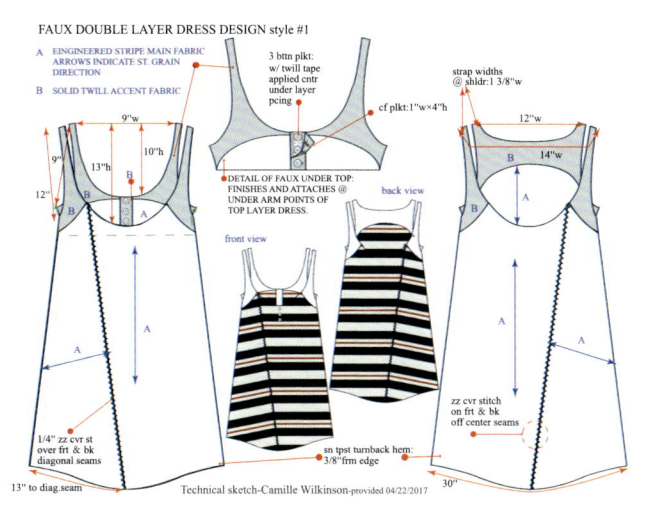

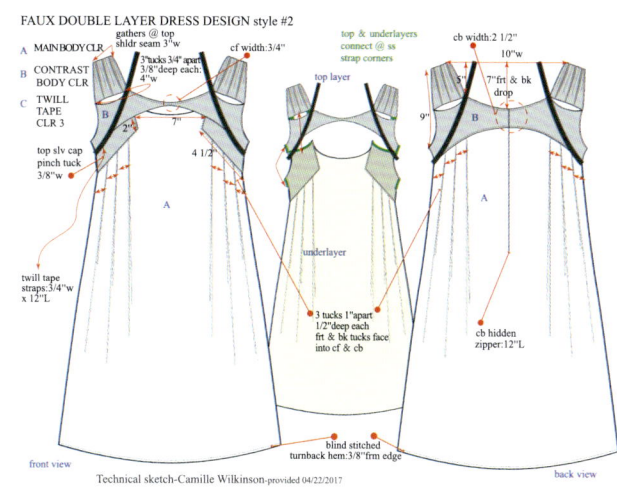

图4-5
卡米尔·威尔金森（Camille Wilkinson）。
在产品开发过程中，开发团队用线稿图和技术规格表来沟通设计。
© Camille Wilkinson

细的技术要求时。

多数公司都有多种采购方法，并与许多供应商合作，其中最直接的采购方法是从展厅或交易会上挑选服装。然而，越来越多的时尚企业，特别是大型企业，将直接从海外的制造商处购买服装，或与服装进口商合作。时尚买手商务旅行的主要目的就是采购。

采购时，买手要和商业伙伴及工厂负责人合作，以便规划新一季商品。为了保证新系列按时上架销售，采购行程会很早就计划好。

产品开发

在产品开发过程中，开发团队要与进口代理或制造商一起打造新系列的样衣。设计师们通过线稿图和技术规格表来沟通对颜色或面料的修改。买手通常会与制造商的销售代表一起工作，但在许多情况下，也会直接与设计师和工艺人员对接。买手还需要进一步完善样衣的比例、板型或装饰等细节。这种买手和制造商的设计部门共同开发新服装系列的方式，在面向大众市场的零售商中最广为使用（图4-5）。

样衣开发

顺利的样衣开发过程是保证按时交货的关键因素之一，因此零售商会先向制造商提供一份展示出每件商品精确详情的规格表。制造商还会在生产过程的每个阶段向相关采购部门提供样衣，获得同意后再继续下一个工序。这种方式使零售商能够严格把控每批商品的生产情况。许多零售商都有内部设计团队，他们会向制造商提供标有详细工艺标准的图纸，以及面料信息和装饰细节，制造商根据这些资料进行打板和制作样衣。样衣和整个订单所需的布料通常由零售商提供，制造商只需要专注于生产。这个过程被称为"来料加工"（CMT）。

第一件样衣通常是由样衣师按照设计师设定的规格制作的，设计师必须对生产相关细节有充足的了解，包括工厂缝纫机型号等细节，否则其设计可能无法大规模投产。设计师要全程参与产品开发，并经常要在生产过程中同制造商进行合作，如确认大宗商品的布料和辅料交货情况。当设计师和买手就最终设计方案达成一致后，采购团队将正式向制造商订购所有即将大批生产的商品的样衣，包含从设计雏形到用于定板和宣传的样衣。

时尚零售

零售商成功的关键决定因素之一是其零售环境，也就是向目标客户呈现商品的形式。这种呈现形式的选择必须要与店面设计、店铺位置、提供产品和服务，以及价格设定等因素一致、匹配。而最重要的是，这种形式一定要符合目标消费者的偏好。零售业态最重要的方面是，它是针对目标人群量身定制的。下面概述时尚零售的几个主要商业形态，见表4-1。

时尚零售行业的演变

在过去的很长一段时间里，人们购物的方式以及过程就是逛商店、挑选商品和付款，直到线上购物的出现改变了这种方式。新的数字技术正在挑战时尚产品的传统销售方式，传统零售店正面临越来越大的压力。

在第二次世界大战之前，大多数人的衣服都很少，而且都是由自己或当地的裁缝手工缝制的。随着社会对非正式服装的需求不断增加和休闲服饰文化的兴起，服装由工厂批量生产的概念才发展起来。这种转变意味着零售商需要用新的

裁剪、制作和后整理

裁剪、制作和后整理（三者也被统称为CMT），是指服装制造商将买来的面料裁剪、制作成服装并进行整理，然后由零售商负责验货和运输。

表4-1 时尚零售主要商业形态

类型	描述
独立精品店	独立精品店通常是私人拥有的、位于高档街区的名品店。这些店可能是设计师自己的门店，如普拉达或范思哲，也可能是买手店，如巴黎柯莱特时尚店（Colette）
中型连锁店	中型连锁店属于中小型零售商，有10～20个零售门店，销售自有品牌和知名品牌的产品。他们通常提供更独特和高档的时尚产品，如薇斯莱斯（Whistles）
大型连锁店	大型连锁店通常是公认的商业街巨头，拥有50～500个零售门店，如Topshop、盖璞和Forever 21
特许经营店	特许经营店是指品牌归母公司所有，但允许私人投资者开设的一家或多家该品牌的零售店。母公司必须有强大的品牌控制能力以确保所有零售店非常相似，贝纳通（Benetton）和French Connection都是这类零售商。特许经营是零售商扩大经营规模的一种快捷方式
百货公司	百货公司是拥有多个楼层的大型公共时装店，如英国的哈维·尼克斯百货（Harvey Nichols）和塞尔福里奇百货（Selfridges）、法国的老佛爷百货（Galeries Lafayette）和巴黎春天百货（Printemps），以及美国的尼曼百货（Neiman Marcus）和巴尼斯百货（Barneys）
特许商品零售点	特许商品零售点是品牌或零售商在一个较大的零售店里，以支付租金或佣金的方式租用部分空间开设的一个小型专柜。通常百货公司会出租这样的场地，以便扩大商品范围，吸引更多消费者的注意。这也是品牌能以较低成本在高档购物场所亮相的一种方式

方式向消费者销售时尚产品。

自20世纪60年代的高街时尚革命以及拥有Topshop和塞尔弗里奇小姐（Miss Selfridge）等品牌的英国阿卡迪亚集团（Arcadia Group）等大型时尚企业发展以来，时尚零售主要商业形态已经发生了变化，这些大型企业的崛起在一定程度上导致了许多小型独立服装店的衰落（图4-6）。

20世纪初期，富裕阶层主要从百货公司购买时尚产品。由于百货公司的经营主要依赖各个服装品牌，随着时间的推移，他们主要的服务对象成为年龄稍长的消费者，因为今天所谓的"年轻时尚"的产品在当时几乎没有受众。广受年轻消费者喜爱的高街时尚的兴起，导致很多百货公司在20世纪60～70年代关门歇业。那些"幸存"到今天的百货公司已经蜕变成更现代的零售商，引入设计师品牌和合作系列来吸引更年轻、更追求时尚的消费者。

图4-6
塞尔福里奇百货。
塞尔福里奇百货是一家英国百货公司，提供从"高街"到"高级"的多种时尚品牌和产品。
© View Pictures via Getty Images

高街连锁品牌

高街连锁品牌，也被称为时尚连锁品牌，是指拥有二十多家店铺的零售商。在过去的很多年中，随着很多小型零售商被较大规模的同行收购，时尚连锁品牌得到较快的发展。以英国为例，高街连锁品牌占据着时尚零售行业的首要地位，并提供了最多的时尚买手职位。这些采用集中管理策略的连锁品牌享有可观的规模经济，但这也意味着它们在产品供应方面面临着同质化的风险。在英国的商业街上，经常能发现实体店产品之间相似度极高的情况。而在欧洲大陆和美国，独立品牌零售商则更为常见，高街连锁品牌不再有绝对优势。

独立时尚零售商

独立零售商或精品店不属于大型连锁品牌，这类零售商正面临来自大型零售商的竞争压力，而且他们是整个时尚零售领域最少利用互联网进行销售的群体。因此，其目前正面临来自主流时尚品牌的竞争压力，并且是最不可能利用互联网销售商品的零售商群体，但是这些独立的时尚零售商为消费者提供了个性化的产品与服务，在自己专注的领域专业而高效，并且极具灵活性。

快闪店是独立精品店的一种延伸形式。这种零售店会在某个地方没有预告地突然出现并迅速吸引大众的视线，然后又原地消失或变换成其他惊喜形式。这是一种突然出现的活动，可以迅速吸引人群，然后消失或变成其他形式。这种模式正在全世界越来越流行，为零售行业增添了原本只有画廊和剧院才能带来的新鲜感、独特性和惊喜。

线上时尚零售

线上销售正迅速成为众多产品的主流分销渠道，在时尚产业也不例外。互联网不仅为时尚零售商提供了展示最新产品线的绝佳方式，还使他们能够直接向客户销售产品。线上时尚零售商通常包括：在线零售商，如ASOS和颇特女士（Net-a-porter）；将业务拓展到在线零售领域的实体零售商和邮购公司；一些原本同时通过实体店和邮购目录销售的多渠道零售商也开通了线上购买渠道。同时，全球配送服务又进一步拓宽了线上零售的领域，为全球范围内的业务增长带来了巨大契机（图4-7）。

> **规模经济**
> 通过增加生产和销售的产品数量来降低成本的现象。

产品开发周期

与许多其他产业的生产过程一样，时尚产业的产品开发周期也很长，这个周期从纱线开发和面料研发开始循环。纱线被开发并制成新一季面料样品，供时装设计师或服装制造商挑选。然后设计师展示出他们新一季设计系列的样品，供买手们为新一季挑选面向终端消费者的单品。上述每个过程大约需要6个月，因此从纺纱机到消费者的整个周期通常超过2年。

需要注意的是，高级定制服装的周期比成衣和批量生产的服装周期要短，因为高级定制服装是直接展示给客户的。此外，一些量产零售商拥有自己的零售店，这也有助于将产品开发周期缩短（图4-9）。

面料采购

国际贸易展览会是纱线生产商向面料制造商展示其产品的主要渠道。有时一个系列的织物可能很多，因此，面料必须整匹订购。每种面料款式只有在订单金额超过其生产成本时才会进行生产，而很多面料款式都不会有这样投入生产的机会。从纱线开发到制成面料，再到制造服装，每个环节的选择对时尚产业的盈利都至关重要。如果没有足够的预计订单，那么纱线生产商、面料制造商和服装批发商将无法继续经营下去。

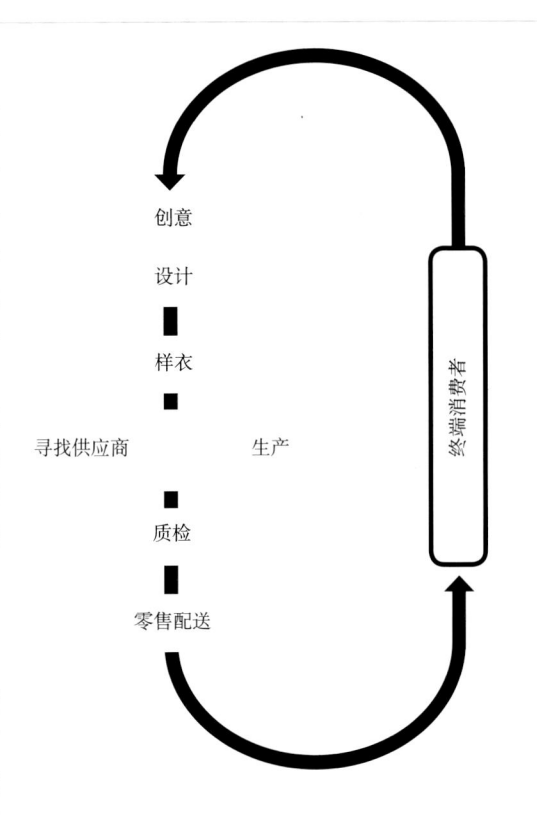

图4-9
开发流程。
开发流程是一个持续的周期，一般来说需要2年时间。快时尚零售商的周期要短得多，但其中的每个阶段都必不可少。

> "为了保持盈利，我们必须更加高效地经营我们的业务。这些效率不会再来自缝纫机了，而是要靠创新的商业实践实现。"
>
> ——鲍勃·麦基（Bob McKee）

分销渠道

时尚营销组合理论中的"地点"要素是指消费者能够购买时尚产品的地方,也被称为"渠道"。分销渠道是指产品从企业"传送"到客户手中的方式。分销过程通常涉及中间商的参与,如零售商。整条分销链中可能存在一系列环节,因为产品在整个过程中是经过不同企业之间的交易才到达终端消费者手中的。分销渠道主要有以下三种类型:

- 直接面向消费者销售(DTC)。
- 通过零售商销售。
- 通过批发商和零售商向消费者销售。

服装分销是指全球市场内服装的批量销售,是生产商、批发商和零售商都参与其中的企业面向企业的商业流程。时尚产品的分销方式有很多种,并在过去的几十年中大体保持不变,但随着互联网发展和科技进步,以及随之而来的全球贸易发展也逐渐产生了重大变化。

传统分销渠道的演变

虽然成衣的出现已经有很长一段时间的历史了,但是通过零售门店或网络购买成衣的方式仍在不断演变。在过去,消费者同一件衣服可以穿很长时间,制造商不需要不断推陈出新。现在,服装的设计、生产和分销已是世界上规模最大的制造行业,因此,对于任何想在这个行业发展的人来说,理解行业内正在发生的变化以及这些变化的重要性就非常关键,只有这样才能掌握零售渠道现在的运作方式,以及把握其未来可能的发展方向。

传统服装零售分销渠道

在过去的几十年里,服装从生产到进入市场的传统过程发生了巨大变化。以下是1700~2000年英国主要的服装分销形式:

1. 工业革命前"人对人"的模式。在18世纪,如果消费者想给自己买衣服或把服装作为礼物送给别人,就要和一位技艺精巧的工匠商定一个价格来量身定做。这种交易是私人的,服装是定制的,独一无二。消费者越富有,服装造型就越华丽,其身份、个性和财富也能通过服装表现出来。

2. 早期服装市场。在某些地区,如早期伦敦的衬裙巷(Petticoat Lane),商人会出售衣服和其他物品,这些衣服和物品通常是便宜的、二手的。17世纪后期,这里吸引了很多人,特别是移民,逐渐形成了今天所说的集中了技能和经验的"集群",变得更加热闹。

3. 系统性分销出现前的服装零售。大约在

> **衬裙巷**
>
> 如今在衬裙巷已经无法找到衬裙市场(Petticoat Lane Market),因为街道的名字已经在19世纪被改为了"中性街"(Middlesex Street),而改名的原因据说是为了不让维多利亚时代的人们难以开口,因为他们不喜欢街道名称和贴身衣物有关。

人们将衬裙巷和斯皮塔弗德集市（Spitalfields）变成服装制造和交易中心的同一时期，服装零售店开始出现。

4. 系统性分销出现后的服装零售。19世纪后期，百货公司提出了整合大量批量生产的商品供公众消费的建议，在提供定制服务的同时开始销售现成的、标准尺码的成衣。这些庞大而精美的百货公司在提供商品的同时也开设了餐厅和茶室。

5. 邮购目录。在维多利亚时期，受英国中产阶级女性认可的正式着装包括长裙、紧身胸衣、衬裙和高跟鞋。穿着得体和追求时尚对于许多女性来说意义重大，因此通过邮购目录购买服装的方式很快就流行起来，并在19世纪后期和20世纪促进了时尚服饰的销售。

以上概述了英国的主要服装分销渠道，这些渠道一直到2000年都处于缓慢变化的可控状态。下一节内容将探讨线上购物的出现如何改变了消费者购买时尚产品的方式。

21世纪的分销渠道演变

如何开始

线上购物的理念其实在互联网和计算机普及前就已经被提出了。最早的线上购物系统在20世纪70年代后期就被开发出来了，但受技术限制，运行速度很慢。直到蒂姆·伯纳斯-李（Tim Berners-Lee）在1990年创建了第一个万维网服务器和浏览器，互联网才得以从1991年正式开始用于商业。很快，亚马逊（Amazon）和eBay平台分别于1995和1996年出现在大众视野。

斯皮塔弗德市场的织布工

1670~1710年，共有来自各行各业的40000~50000名织布工来到英格兰。他们进一步提升了斯皮塔弗德在服装与纺织品制造和销售方面享有的声誉，斯皮塔弗德市场开始呈现出我们今天看到的样子。

1979年，英国企业家迈克尔·奥尔德里奇（Michael Aldrich）率先提出了线上购物的理念，并利用电话线将电视机和计算机连接起来。

互联网泡沫

20世纪90年代末期，随着时尚零售商开启了线上销售渠道，互联网零售呈指数级增长。以线上时尚零售商Boo.com为例，它在很短的时间内投资了1.88亿美元，试图创建一个覆盖全球网络的线上服装店。这些公司被股市看好，股价猛涨，却最终没能盈利，从而引发了所谓的"互联网泡沫"事件。正是这种对线上销售的热情为包括奢侈品牌在内的时尚零售商带来了新的机遇。在互联网泡沫事件之后，许多零售商不愿意再涉足线上销售领域，这一状况直到21世纪才有所改观。但法国酩悦·轩尼诗-路易·威登集团（Louis Vuitton-Moët Hennessy，LVMH）还是非常重视线上零售的方式并开设了自己的购物网站。eLuxury平台销售LVMH集团核心品牌的产品，如路易威登、迪奥等。eLuxury从美国市场起步，然后将业务拓展到了法国和英国，之后古驰、阿玛尼等其他奢侈品牌也开始投资电子商务领域。尽管这些网站的成功是显而易见的,但关于奢侈品牌是否应该通过电子商务平台进行销售却一直存在争议,因为很多人认为这样会削弱奢侈品牌的独特性和口碑。2010年,eLuxury平台被关闭,取而代之的是不卖任何东西,并专门用来展示LVMH集团在所有奢侈品领域的专长的Nowness平台。

新兴零售方式与渠道

多渠道零售

在21世纪初的互联网泡沫事件后,多渠道零售的方式在包括服装在内的每个零售产品类别中增长和发展,电子商务进入第二阶段。多渠道零售是营销中常见的一种策略,让消费者能够通过网站、实体店、电话订购、邮购或比较购物网站等多种渠道购买产品。这种策略的目标是为客户提供便利,提高其品牌忠诚度,从而实现公司收益最大化。由于消费者购物时的体验会影响他们对品牌的认知,成功的多渠道策略必须为消费者提供始终如一的优质体验。时尚品牌需要确保公司所有部门和环节,从零售门店、订单处理部门到网站开发和客户服务,都向消费者提供完整、一致的客户体验,并且所有部门都需要了解并遵守公司制定的客户服务标准。此外,退货和运费等政策也需要在各个渠道之间保持一致。

在此基础上,英国的约翰·路易斯百货(John Lewis)则进一步对全渠道零售进行了诠释:向客户提供极大的购物灵活性,比如可以在任何地方退货。

全渠道零售

全渠道零售是一种将多渠道零售整合在一起的线上购物方式,消费者可以通过网络获取信息,然后在任意渠道购买。这种概念让消费者能够在购买过程中的任何阶段都以自己喜欢的方式与品牌或公司互动,无论是下单还是换货。根据Google官网2015年在美国收集的数据表明,在许多节假日购物活动中,来自移动终端的访问量高于来自计算机的访问量,这说明品牌的购物渠道必须要覆盖到"在路上"的消费者的移动电子设备。该数据还表明,客户在线上购物时不会刻意选择某种移动设备,具有随机性。因此,让消费者在设备上看到自己的购物渠道对品牌来说很重要。全渠道零售的亮点之一是能够吸引消费者进入实体店并促成交易,而不是让消费者被其他渠道分流。很大一部分消费者使用智能手机来搜索产品信息,他们认为这是他们购买决策过程中的重要组成部分,并视其为购物体验的一部分,甚至是"私人购物助理"。

鉴于数字科技正持续影响着消费者的购物过程,如今的多渠道零售商不得不改变其运营方式。许多企业目前正在调研喜欢全渠道购物的

互联网泡沫(Dot-com bubble)

"互联网泡沫"是指1997~2000年与资讯科技及互联网相关的历史性股市投机事件。

Boo.com

线上时尚零售商Boo.com在多次公开宣布推迟上线后,终于在1999年开始运营,在线上销售时尚产品。该公司花费了超过1.35亿美元的贷款却无力偿还,于2000年开始破产清算。

消费者们，思考着诸如"他们的消费行为对公司整体业务意味着什么"的问题。零售商意识到，最有客户价值的是那些既会在网上也会在实体店购物的消费者，因此，有能力的零售商会确保自己的营销策略适合此类消费者的购买行为，允许他们在任何渠道间随意转换。IDC数据中心的一项研究表明，多渠道购物的消费者的客户终身价值比仅使用一种渠道购买时尚产品的消费者要高30%。让企业获得这样的利益就是全渠道购物方式的核心，一旦零售商知道如何吸引这些有客户价值的消费者并与之建立联系，他们就可以据此调整公司结构，充分让收益最大化。然而，这说起来比较容易，实施起来却困难重重。

社交媒体

社交媒体是当今零售行业中的必需媒介，其本身也可以用作购物平台。一些有远见的零售商正调整自己的战略，通过社交媒体打造一个培养品牌忠诚度的空间并调整客户服务。使用社交媒体是当代年轻人最喜欢的休闲方式之一，许多品牌都把在社交媒体上与这些潜在消费者建立联系、产生互动作为其零售策略的一部分。就撰写本书的时间来说，Instagram是社交媒体中最流行的交流平台之一，似乎是首选平台。根据数字营销机构Greenlight的数据显示，在2016年伦敦时装周开始前的一个月，Instagram上的用户在"#LFW2016"话题下发布了5602篇帖子，而推特上只发布了1178篇，但是在上一年同期，推特平台的用户在"#LFW2015"话题下发布的推文超过6000篇。

特别是一些年轻的时尚品牌，更喜欢将Instagram等社交媒体纳入自己的营销策略。对于小型时尚品牌而言，这确实是一种成本较低的营销方式。在本书第7章中会有更多有关小型企业营销策略的内容。许多高端品牌也对社交媒体进行了充分利用。例如，博柏利官方账号在Instagram上拥有600多万粉丝，品牌邀请大卫·贝克汉姆（David Beckham）的儿子布鲁克林·贝克汉姆在平台上分享品牌的活动照片。

> **Boohoo**
>
> 在2016年"高街时尚大奖"（High Street Fashion Awards）的评比中，Boohoo获评"最佳线上零售商"。

通过社交媒体推动销售

为了更好地理解社交媒体是如何影响电子商务行业的，Shopify平台分析了3700万次社交媒体访问的数据，这些访问促成了52.9万个订单的产生。

以下是该平台总结的一些数据：

- 脸书占据了社交流量和销售渠道的主导地位，Shopify平台上的所有社交媒体访问量有近三分之二来自脸书。此外，这些订单中来自社交媒体的订单平均有85%来自脸书。
- 2013年，来自Reddit平台的订单同比增加了152%。
- 也许最有趣和最令人惊讶的是来自社群网站Polyvore的订单，其平均订单销售额最高，领先于脸书、Pinterest和推特。同样值得注意的是，来自Instagram的平均订单销售额也高于上述三个社交平台。这尤为值得关注，因为Instagram上只有个人资料中才有可点击并打开的链接。
- 脸书在所有社交媒体电子商务流量中的转化率最高，为1.85%。

案例研究：Topshop应用程序

Topshop是一个来自英国的高街时尚领军品牌，专营服装、鞋履、彩妆和配饰，在37个国家和地区拥有440多家门店。品牌隶属于阿卡迪亚集团，由菲利普·格林（Philip Green）掌管。Topshop很早就意识到移动终端作为零售渠道的潜力，其通过移动设备实现的线上销售为品牌贡献了很大一部分收入。

从运作方式上看，Topshop更像是一个奢侈品牌，而不是高街品牌。品牌开发了移动应用程序，让消费者能够与门店建立联系、互动和分享。这种策略将品牌和消费者紧密连接在了一起，品牌与消费者成功建立了联系。在品牌的官网主页上，有一个名为"Topshop on the go"的版块，只需点击一下，就可以让购物者跳转页面以了解更多信息（图4-10）。

Topshop与零售科技公司Red Ant合作，创建了一款综合性极强的手机应用程序，以便让那些对线上购物特别感兴趣的消费者能快速找到Topshop完整的产品系列。除此之外，该应用程序还有随时分享和每周产品更新等功能，极大地引起了消费者的兴趣，激发了他们的购物欲，并提高了转化率。在应用程序上市的第一个月，其下载量已超过28万次。

通过密切合作，这款Red Ant公司和Topshop共同开发的应用程序凭借流畅的使用界面和领先市场的功能设置，成为既能销售又能与消费者互动的新渠道，提供了显著的中长期增长优势。

通过将Topshop的各种数字和社交媒体渠道（博客、视频、脸书、推特、汤博乐和伦敦时装周等活动）汇集到一个地方，这款应用程序提供升级版的门店和社交参与功能，包括扫描、分享和收藏等。这款程序也完全通过现有的电子商务配置来实施开发，将Topshop系统开发团队的工作量降到最低。

Topshop不仅在消费者的移动设备上提供了惊人的用户体验，还将品牌的店内购物体验与可下载的移动应用程序完美结合，为消费者提供了流畅的购物体验。消费者可以直接从应用程序上购买商品，还可以通过创新的条码扫描仪找到附近任何有对应商品的Topshop门店。

长期以来，Topshop一直通过其领先的社交渠道分享潮流趋势和最新产品。在2014年的伦敦时装周上，Topshop带来了被Social Bro称为"世界上第一个数字图像时装发布会"的时装发布会。通过使用"用户生成的内容"，Topshop此次的时装发布会完全由消费者创造，并鼓励Topshop的粉丝在"#Topshop Window"的话题下发布他们的造型，还在其旗舰店橱窗中展示数字时装发布会上的亮点图片。这次在Instagram平台举办的营销活动获得了大量消费者和公众的关注，再次突显了Topshop作为社交媒体营销创新者的地位。在时尚界，保持与时俱进很重要，这样你才能不断发展你的品牌。不断更新用于营销的渠道和设备对于保持竞争力至关重要，尤其是在移动终端市场以如此快的速度增长的情况下，不然品牌很容易落后。

图4-10
从运作方式上看,Topshop更像是一个奢侈品牌,而不是高街品牌。品牌开发了移动应用程序,让消费者能够与门店建立联系和产生互动。
© Ben A. Bruchnie/Stringer via Getty Images

本章小结

本章探讨了时尚产品从概念形成到零售成品的过程，这个过程的关键是把纸上的想法转化为系列产品供消费者选择。正如现在大家所了解的，这是一个复杂而又令人兴奋的过程，是勤奋和敬业的时尚专业人士精心思考和全力执行的结果。本章还介绍了买手和采购员的职位，时尚日历和采购周期及其发展变化、决策过程和需要考虑的因素、不同的分销渠道，以及线上零售的发展动态。下面的内容将帮助你回顾本章内容，通过案例研究加深理解，并通过一些问题检验学习效果。

时尚买手的主要职责是通过挑选和采购的服装实现预期财务目标，他们在采购员的支持下，一方面为消费者提供合适的产品，另一方面确保公司能够赚取利润，最终确保以合理但有利可图的价格向客户提供合适的商品。买手的职责可能因国家而异，也可能因公司规模和类型而有所不同，但总的来说，买手是产品从开发到上架销售整个过程中的关键人物。

在某种程度上，采购周期决定着采购活动，体现着买手和团队为了让新品按时上架而在开发、设计、构建供应链和实现交付的过程中所要完成的关键步骤和时间。在完成相关调研并勾勒出新系列的框架后，团队会根据诸多因素将新系列进行细化，如款式数量、成本、制造商等。

采购员在采购团队中是一个承担了主要责任的角色。他们要确保当季产品协调平衡；要与批发商、生产商和团队的其他成员保持多维度沟通；要参与消费者购买趋势等市场调研；还要分析销售数据来管理库存。

进口商在全球供应链和时尚产业中都扮演着重要角色。如前文所述，全球采购需要有别于买手和设计师的一系列技能。大多数公司都采用多种采购方法，并且会与许多供应商合作。但有一些公司会直接从一个海外制造商处采购，或者与服装进口商合作。买手的商务旅行多是采购所需。

显然，买手、设计师和整个产品开发团队的核心目标是开发和销售满足消费者需求的服装系列。自18世纪以来，时尚零售行业已经走过了漫长的道路，经历了长足的发展。今天的消费者在购买时尚产品时有很多渠道可以选择，无论是精品时装店的奢侈品服饰还是高街品牌的流行款式，都有相应的营销日历规划其上架销售的时间和流程。

多渠道零售是多数企业正在发展的一种营销策略，旨在为客户提供购买产品的多种方式。而具有前瞻性的零售商正在努力为客户提供多渠道购物体验，让消费者通过计算机、移动设备、电话或实体店购物时，能够享受到各渠道各具特色而又彼此联系的优质服务。这样的零售商，如案例研究里通过应用程序与客户紧密连接的Topshop，已经在收获销量增长的回报。

现在，请简要回答下面的每个问题，检验一下你从本章内容及案例研究中学到的知识。

案例研究与章节回顾

问题1：时尚产品的分销渠道有什么新变化？是什么推动了Topshop营销策略的变化？

问题2："从运作方式上看，Topshop更像是一个奢侈品牌，而不是高街品牌"，请问为什么会有这样的说法？

问题3：Topshop是如何比其他线上零售商做得更好的？为什么？奢侈品牌可以从Topshop的营销策略中学到什么？

问题4：为什么企业对品牌、分销渠道和应用设备进行创新很重要？

自测表

1. 为了既能为消费者提供合适的商品又能保证赚取利润,时尚买手需要做些什么工作?
2. 不同国家买手的职责可能不同。试说出美国和英国的时尚买手的主要区别。
3. 什么是定向采购?在采购周期中它应处于什么阶段?
4. 采购过程需要获取广泛的信息,买手必须将这些信息传达给整个团队,以便为新一季的产品规划框架。请简要概述买手为了能够准确描述新系列的设计理念以及设计要素而必须考虑的事项。
5. 采购员是时尚买手团队的关键成员,但其职责既和买手有不同之处又与买手有重叠的地方。请说明买手和采购员这两个岗位的区别。
6. 调研快时尚和慢时尚的供应链,并讨论两者的差异。
7. 列出并概述当今时尚零售行业的关键部门。
8. 请画出一幅连衣裙从最初创意形成,到买手评估,再到上架销售的流程图。
9. 什么是渠道?请解释各种类型的渠道。
10. 斯皮塔弗德市场的织布工给伦敦带来了什么?

练习

制订一个服装系列开发计划

新系列的开发计划或产品企划在采购周期开始前就会制订好，制订详细的计划至关重要，并且在规划过程中经常会参考上一年的销售额。以下步骤将帮助你了解规划流程。

第1步：撰写简报

撰写系列开发的简报可以为采购部门提供相关信息。简报应专注于一个品类来撰写，如连衣裙，并说明款式的总数以及每个子品类的款式数量，如短款、长款、印花款和派对款的连衣裙需要几种款式。

第2步：调研

下一步是研究流行趋势来丰富简报，包括风格、颜色、故事、主题以及面料等。在分析面料选择时，要同时考虑面料能否买到。要确定目标市场并完善消费者画像，通过对当前风格和流行趋势的分析，确定新系列想要表达的理念。

在这个阶段，需要开发出初步的理念来确定可能使用的面料、主题、故事和颜色等。对应的配饰也可以在这个阶段进行规划，通常与设计师或设计团队协商完成。

第3步：系列开发

一旦为目标市场确定好了合适的款式、装饰细节和配饰，就需要了解生产这些款式的可行性，以确认这些设计是否可行。然后可以开始准备创作理念、设计图、规格、样衣，以及其他必要的附加文件了。

第4步：展示

综合运用平面草图、面料样板和色卡来展示该系列，并和团队一起评估和修改计划，使新系列的商品实现和谐与平衡。

米歇尔·沃恩（Michelle Vaughan）专访

ASOS品牌时尚买手，品牌鞋履买手

问：是什么让你想成为一名时尚买手？

答：我之前在销售领域负责产品分配，但发现采购团队的工作更有趣。幸运的是，一个转型向时尚买手发展的机会出现了，我抓住了这个机会。

问：作为时尚买手，你的工作涉及哪些内容？

答：我负责根据部门策略采购和打造出和谐平衡的、商业化的并且能保证盈利的鞋类产品组合。

问：你工作中最有趣的地方是什么？

答：发现和培养新品牌，见证自己采购的品牌和款式获得成功，饱览新一季的流行趋势和各品牌的新系列……每天的工作内容都是不一样的，每时每刻都令人兴奋。

问：你工作中遇见的最糟糕的事情是什么？

答：不得不购买我认为不适合我们部门新系列的品牌和款式，因为公司层面要考虑更多因素。

问：你经常旅行吗？如果是这样，国际旅行中你喜欢什么而又讨厌什么？

答：是的，我经常旅行。这是买手工作中我非常喜欢的一个环节，特别是有机会去新地方的时候。然而实际上，这些旅行远没有听起来那么光鲜亮丽。我们所有的时间都花在参加室内的各种展会上，几乎没有机会游览身处的国度。

问：想要成为一名时尚买手，需要数学比较好吗？

答：买手确实需要具备一些扎实的数学计算功底，并能够理解采购计划、利润空间等数据。从根本上说，买手的责任是和营销团队一起来完成销售计划和实现利润目标。因此，如果买手的数学功底不扎实，就可能会很棘手。

问：你认为你的学位对时尚买手这份工作有帮助吗？

答：没有。我获得了心理学学位而不是时尚学相关学位，也不是通过典型的路线走上买手岗位，但我的学位有助于我与一些团队成员和谐相处。

问：对于考虑从事买手工作的学生，你有什么建议吗？

答：应届生的岗位竞争非常激烈，因此拥有在采购部门实习或打工的经验将有助于他们在毕业后获得职位。他们需要做好非常努力工作的准备，并且要明白，可能要先花大量时间做行政工作和努力学习才能接触到这份工作有意思的环节。

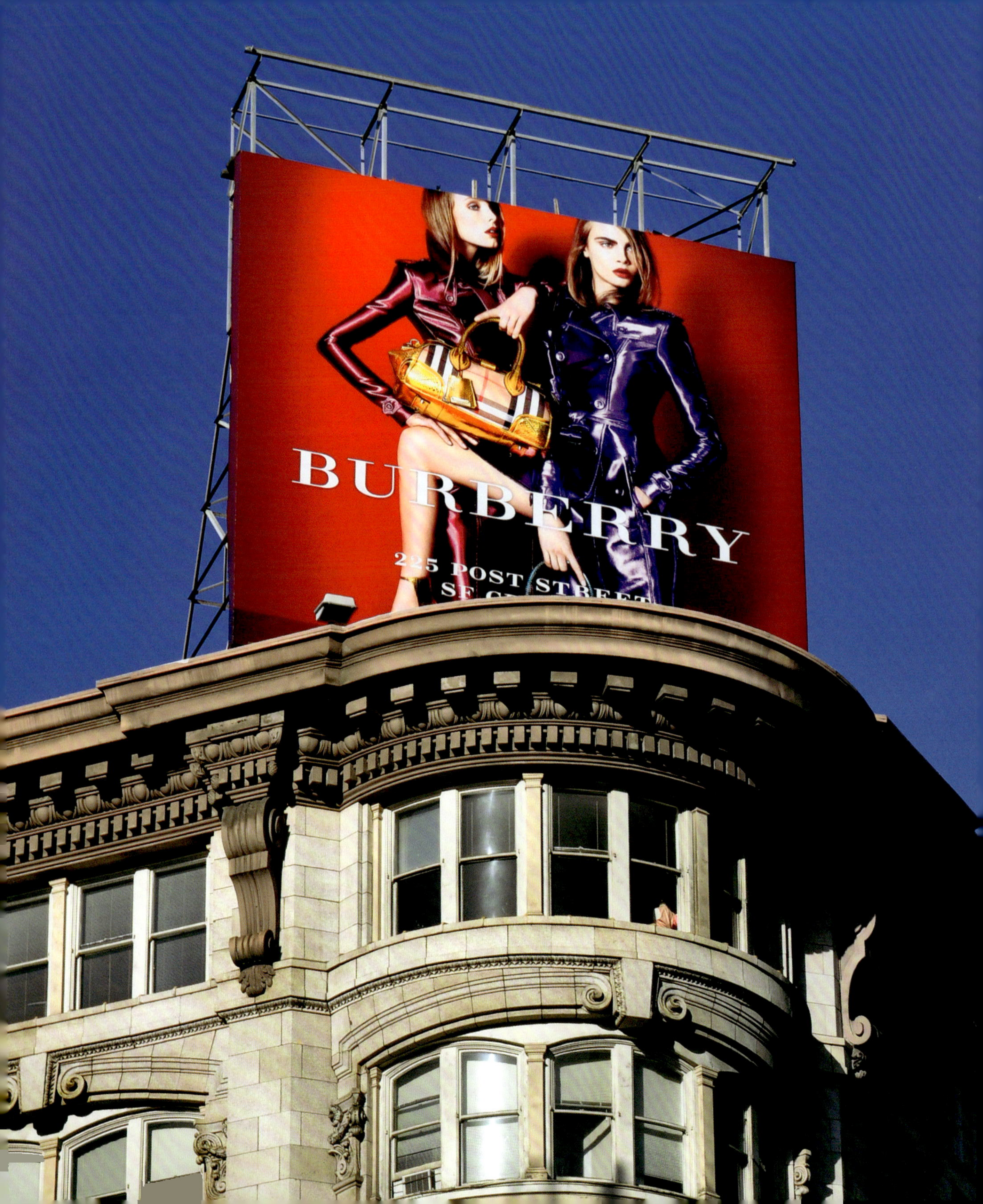
BURBERRY
225 POST STREET

第5章

时尚营销与传播

  时尚营销可以被描述为时尚产业的"门面",融合了推广、广告、设计和企业管理等要素。时尚营销人员的职责是将新品服饰的信息传递给目标消费者,获得他们的关注和赢得他们的喜爱,以促进销售的成功。

  今天的时尚消费者对时尚信息十分渴望,而且他们需要的不是泛泛的信息,而是在寻找能解决问题的建议以及能帮助他们更好地享受时尚生活的方法。问题是,今天的消费者被成千上万的营销信息包围,而大部分有用的信息都被他们忽略了。所以,对于时尚品牌来说,冲出重围真正与消费者建立联系是成功的关键。这不仅是找到销售更多产品的方法,而且关联品牌提供的信息。有远见的营销人员深谙这一点,并通过精确、清晰甚至高瞻远瞩的时尚营销内容与客户建立坚固的品牌联系。

  在本章内容中,你将了解到多种时尚营销和传播方式,以及企业如何与消费者进行互动,并传播清晰和易于目标受众理解的品牌信息。

本章学习要点:

- 了解时尚营销及其所涉及的内容。
- 了解营销组合的运作方式。
- 了解对消费者行为的研究如何帮助时尚品牌和企业改进营销策略。
- 了解时尚传播的基础知识以及品牌如何传达信息。
- 了解时尚企业进行时尚推广和传播的方法。

左侧图
时尚传播围绕品牌和品牌标识的感染力展开。
© Robert Alexander via Getty Images

时尚营销

时尚营销的关键方面包括：聚焦产品定位的目标市场；确定产品销售渠道；吸引客户从而产生利润。时尚传播也是时尚营销的一个重要方面，包括商品陈列等既需要创造力也需要智慧的工作内容。

此外，我们需要关注为什么掌握营销和商业知识对时尚营销人员十分重要，以及对流行文化的兴趣与设计天赋如何有助于时尚营销人员在这个社交媒体和技术不断变化发展的环境中工作。时尚营销人员还需要策划、设计和投放时尚广告来吸引大众购买产品或激发他们对品牌的兴趣与关注，而综合运用传统的和新的营销方法对品牌的发展和市场地位都很重要。

为什么时尚营销很重要？在20世纪70年代之前，时尚营销的焦点主要是女性时尚，媒体对女性消费群体的关注度也最高。然而今天，随着消费者品牌意识的增强、新技术的发展和教育水平的提高，产品和媒体传播受到空前的关注。在时尚产品和奢侈品领域，品牌推销特定的生活方式和诠释时尚消费者的梦想与渴望，能和产品创新与品质保证一样推动销售。因此，营销长期以来一直是现代时尚品牌与奢侈品行业发展的基石。传统的营销专注于纸媒，并由品牌发起进行单向传播。但在今天，品牌力图与消费者建立联系。

什么是时尚营销？

时尚营销将设计师和品牌的产品与买手和消费者联系起来，是时尚产业重要的组成部分，好的营销策略可以保障产品推广与品牌建设的成功。换句话说，创新和高效的营销策略几乎与设计和产品本身一样重要。

时尚营销人员主要进行幕后工作，如紧跟流行趋势和消费者购买习惯，为特定消费者群体策划和组织符合其品位的宣传活动，关注最新的创新设计和整个时尚产业的新动态。时尚营销人员要识别和创造流行趋势来销售设计师创造的产品，他们是联系设计师和消费者的纽带，不仅能为流行趋势匹配消费群体，还知道如何向这些目标群体推销服装。

时尚作为一个概念，是关于服装背后的故事，而营销是建立设计师、公司、品牌和客户之间的联系。这不仅可以促进销售，而且可以建立消费者对品牌的忠诚度，提升公司的公众形象。

目标市场（Target market）

目标市场是营销人员需要重点关注的一个或多个消费者群体，这些群体是在缜密的市场分析和市场细分后确定的。

在互联网出现之前，时尚品牌的经典营销策略是利用纸媒、电视等传统媒体将最新的产品宣传推送到消费者面前。虽然这些传统媒体可能会一直使用下去，但我们必须明白当今互联网时代的消费者拥有比以往更大的权力，并会通过各种渠道与他们欣赏的品牌互动。个性化需求的增长以及大量数字社交媒体的出现推动了微营销技术的发展，人们将更加期待越来越多的产品和服务能直接与他们沟通和满足他们的个人需求（图5–1）。

营销理念

这部分内容将介绍驱使服装企业聚焦目标消费者需求的思想体系，也就是营销理念。时尚品牌必须分析这些消费者需求，并以竞争对手无法做到的方式来满足这些需求。以下这些理论曾主导营销界，在今天也仍被许多服装企业采用。

首先介绍以下四个被大多数品牌采用的营销理念，这些理念的侧重点和方法可能有所不同，但目的都是创造利润。

1. 产品理念（Product Concept）。这种营销理念专注于物美价廉的时尚产品，意味着产品需要较少的营销就能产生消费者需求。
2. 推销理念（Selling Concept）。这种营销理念主张进行积极的销售，因为消费者在高密度的推销下可能会产生购买行为。
3. 市场营销理念（Marketing Concept）。这

图5–1
时尚消费者可以在几秒内就通过手机发送和分享正在被模特穿在身上走秀的设计。
© MARTIN BUREAU/AFP via Getty Images

种理念主张企业必须明确时尚消费者的需求，要根据需求调整自己的产品和服务，做到比竞争对手更高效地满足这些需求。市场营销理念完全依赖于企业自己的规模、目标市场和客户需求，然后通过正确的营销组合提高客户满意度。

4. 社会营销理念（Societal Concept）。这种理念在注重满足时尚消费者需求的同时，把实现社会的长远利益也列为企业目标，通过企业利润、社会福祉和消费者需求的平衡来履行企业的社会责任。

营销组合（Marketing Mix）

营销组合是一种完善的营销理论，由尼尔·博登（Neil Borden）于1953年提出（图5-2）。因为营销组合中的产品（product）、渠道（place）、价格（price）和推广（promotion）这4个要素的英文单词都以字母"P"开头，所以营销组合也通常被称为"4P"营销理论。一些公司也会将其拓展为"7P"理论，以此为指导方针为企业打造合适而有效的营销策略，以下是4P营销理论的具体内容。

图5-2
7P理论模型。
营销组合是一个经典的营销理论，也被称"4P"营销理论或"7P"营销理论，由尼尔·博登在1953年提出。

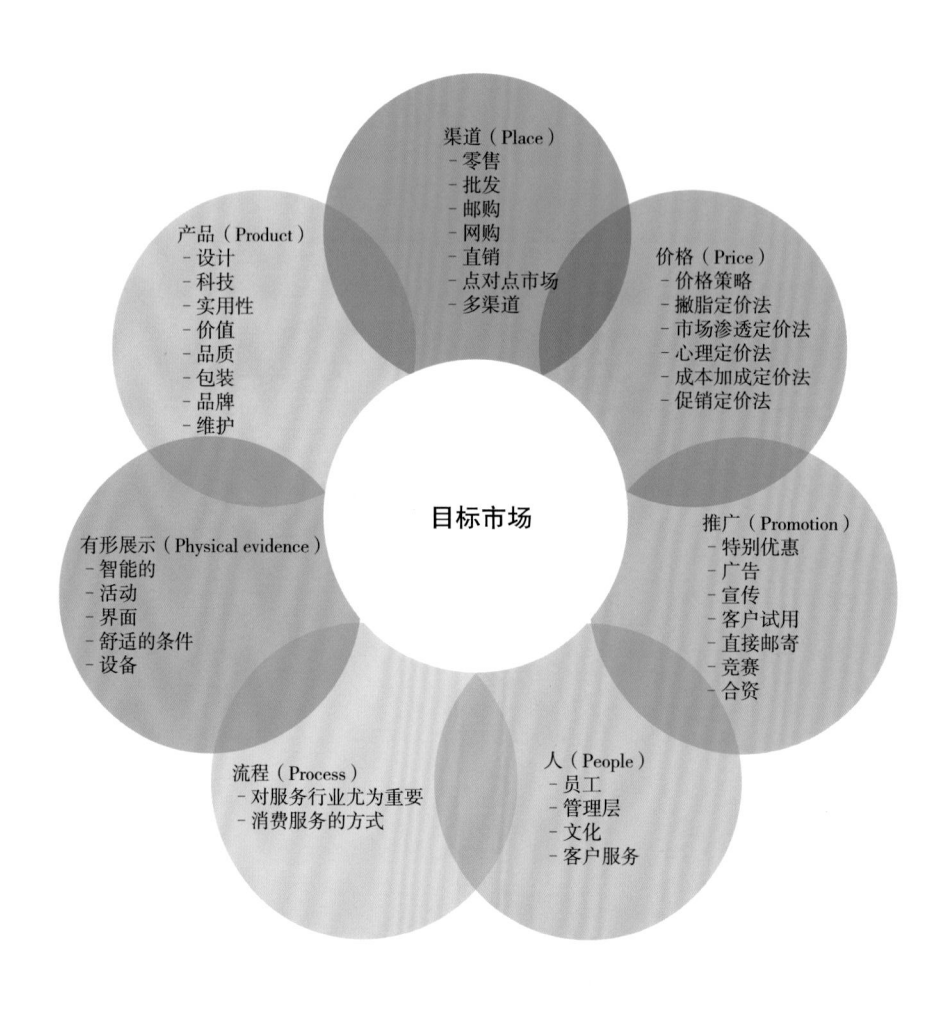

产品（Product）
- 设计
- 科技
- 实用性
- 价值
- 品质
- 包装
- 品牌
- 维护

渠道（Place）
- 零售
- 批发
- 邮购
- 网购
- 直销
- 点对点市场
- 多渠道

价格（Price）
- 价格策略
- 撇脂定价法
- 市场渗透定价法
- 心理定价法
- 成本加成定价法
- 促销定价法

推广（Promotion）
- 特别优惠
- 广告
- 宣传
- 客户试用
- 直接邮寄
- 竞赛
- 合资

人（People）
- 员工
- 管理层
- 文化
- 客户服务

流程（Process）
- 对服务行业尤为重要
- 消费服务的方式

有形展示（Physical evidence）
- 智能的
- 活动
- 界面
- 舒适的条件
- 设备

目标市场

产品

在产品开发时，需要思考以下问题：产品是什么？它的独特卖点（USP）是什么？换句话说，是什么让一款产品与众不同？

渠道

渠道是产品销售的地方，如在实体店销售或线上销售。同样，企业也需要参考竞争对手销售产品的渠道来决定自己的销售渠道。

价格

产品的定价既要考虑制造成本也要斟酌客户支付的最终价格，还要研究同类竞争产品的价格。

推广

推广指向消费者宣传产品，企业也需要了解竞争对手使用的推广方法。

除了上述要素外，部分经营时尚产品的企业可能会把"4P"营销理论扩展到"7P"营销理论，其余的3个要素如下。

人

包括与产品有关的每一个人，从目标消费者、品牌客户到企业员工。

流程

这是指产品从概念到生产，再到销售给最终消费者的全过程。

有形展示

有形展示可以帮助企业获得良好的客户反馈和客户满意度等，可作为企业营销策略的一部分。

需要再一次强调的是，只有目标市场明确后才能建立营销组合。

在学校开设的课程中，4P营销理论已成为探讨时尚营销的易于理解的入门理论。虽然其他营销理论还有很多，但4P理论很适合被用于初级学习。其中很重要的一点是，不要刻板地局限在每个理论的框架里。在时尚产业，创造令人惊艳的产品是企业获得成功的基础。在经典营销理论框架中，产品被描述为满足消费者需要或愿望的物品或服务，但时尚产品是设计师创造出消费者自己还不知道自己想要的产品，这就要营销人员运用适当的营销策略来调动他们的购买欲。

> **传统营销**
>
> 可以保证营销效果的传统营销方法，比如在报纸或广告牌上投放广告。

传统营销与整合营销

品牌在推出新时尚产品时可能会运用传统营销或整合营销这两种不同的方法。为了更好地掌握营销的基本原理，下面将概述传统营销和整合营销的区别。四种常见的营销理念与作用见表5-1。

一般来说，产品从设计到上市的过程中涉及五个不同的部门，分别是开发部门、样衣制作部

表5-1 营销理念与作用

理念	侧重点	做法	作用
产品理念	生产产品	价格合理；品质优良；不需要很多营销	通过能刺激消费者需求的时尚产品实现利润或目标
推销理念	推销产品	密集的广告投放和推销	通过刺激销量实现利润或目标
市场营销理念	消费者需求	整合营销	通过客户满意度实现利润或目标
社会营销理念	消费者满意度和社会长远利益	在不断寻找更好的时尚产品的同时平衡好时尚、利润与社会利益间的关系	在实现企业目标的同时履行了企业的社会责任

> **整合营销（Integrated marketing）**
>
> 营销人员将公司的公关、媒体、广告等部门整合到一起为消费者创造良好的品牌体验。

门、生产部门、营销部门和分销部门。

如果品牌决定采用传统营销的方式，那么这些部门都将独立运作。

设计草图勾勒好后，技术部门将根据设计师的创意进行打板和制作样衣。样衣通过后再进行批量生产，然后由营销部门负责产品上市的运作。

如果品牌采用整合营销的方式，那么这些部门将作为一个整体协同工作。设计部会与市场部对接以确保新设计符合品牌形象和定位，技术部会根据生产能力的实际情况来诠释设计师的想法……每个部门都会有与其他部门合作的时候。

可以说，整合营销是更好的方式。尽管可能需要更长的时间，但更可能带来成功。传统营销方式已经被认为过时，因为它引起了利益冲突，而且往往忽视了客户的需求。而整合营销则有助于品牌的营销风格连贯和内容统一，强化了客户对品牌信息的接收效果。

总的来说，"营销"一词在时尚产业通常用于描述产品与服务的推广以及品牌形象的创建和维护。这意味着，与营销的一般应用范围相比，时尚营销的含义是明确而狭义的。与时尚创造性工作的一面不同，负责推广、公关和广告等领域的时尚营销工作更像是一门管理学科。但了解一些基本的营销理论也很重要，既有助于在制订营销计划时更好地去呈现品牌创意，也有助于做出有效的商业决策。

时尚营销人员的职责

时尚营销人员必须了解品牌资产、营销技巧和消费者购买习惯。因为他们要根据公司的营销策略协调产品开发团队和买手部门的工作，所以具备出色的沟通技能格外重要。同时，他们应该具备良好的数学和分析能力，以确定利润率和定价策略。此外，市场营销人员还必须了解消费者心理和社会趋势。

营销工作的范围很广，包括：出席时装发布会；在陈列室会见设计师；视觉设计；广告宣传和推广；维护品牌战略。通常情况下，时尚营销专业人士应该有市场营销、时尚营销、管理、传播等方向的学位。

时尚营销人员要能够向消费者传达未来的流行趋势，并且要能够以最好的方式将产品展示在消费者面前，但营销人员也必须了解目标消费者行为。为了做到这一点，时尚营销人员需要研究消费者行为，以确保自己能够将信息传达给目标客户。下面将介绍时尚消费者以及制订营销计划时需要考虑的因素。

时尚消费者

确定目标市场是一个时尚企业经营成功的关键。如果没有花时间来明确目标市场，品牌可能会浪费更多宝贵的时间和金钱向对他们产品不感兴趣的客户错误营销。

时尚产品的开发始终是围绕消费者展开的，因此企业的首要任务就是满足消费者的需求。时尚为我们提供了一种在社群和社会中通过服装表达自我、身份和个性的方式。通过了解和明确时尚消费者的动机，设计师和营销人员可以更有效地定位自己的产品。基础的人类行为学理论为时尚营销人员分析和了解客户提供了许多概念。服装企业营销人员进行的市场调研就包含消费者行为研究，涉及心理学、社会学、人类学以及文化、历史等多个学科领域。

消费者行为

消费者行为研究是对个人、群体或企业以及他们在当今社会中使用产品的过程的研究，如什么样的时尚产品和服务对他们有吸引力，他们对公司的营销活动有什么反应，不同传播媒体连接到的消费者有什么不同等。在研究消费者行为时，应注意区分复杂的决策过程和不考虑购买这两种情况。对于价格昂贵、技术含量高的产品，潜在的消费者很可能会在大量搜索和反复评估后才做出购买决定。

研究个体消费者和消费群体的购买决策有助于确定消费者想要买什么。在时尚语境中，消费者行为研究能明确社会经济和人口模式对消费者购买习惯的影响，从而帮助设计师和企业改进营销策略。研究时既研究个体消费者的动机、个性、感知、态度和交际，也研究不同社会和文化环境中的消费者群体，如不同家庭、不同社会阶层和亚文化群体。

消费者行为研究多年来已经发展出多种模型，总结出了消费者的不同购买行为和影响着消费者购买行为的环境因素。市场调研能帮助时尚品牌查明消费者为什么会购买或不购买特定的产品或服务，也能为品牌营销组合的决策提供参考信息。专业的市场调研公司既会进行一般的或总体的市场调研并将结果出售给企业，也会针对企业的特定需求进行市场调研。市场调研过程包括确定问题所在、查阅公司档案、分析已发表的数据、决定是否需要实地调研，以及确定最合适的实地调研方法。此外，确定样本具体细节（位

文化因素、社会因素、个人因素和心理因素是影响消费者行为的4个关键因素。

1. 文化因素：在试图了解个体的需求和行为时，文化是最关键的影响因素之一，因为每个人的一生都会受到家人、朋友、文化背景和社会环境的影响，这些环境影响了其价值观、偏好和共同行为。

品牌进行市场调研时，必须考虑并理解每个市场或地域所固有的文化因素，并据此调整营销策略和产品，因为这些文化因素深刻影响着消费者的感知、习惯、行为和需求。

2. 社会因素：社会因素也对消费者行为有着显著影响，主要可以分为参照群体、家庭、社会角色和地位。

时尚消费者所属的社会群体通常与其社会出身、年龄、爱好、工作等有关，对其行为有直接的影响。影响程度可能因群体和个人而异，但研究发现，同一群体成员通常呈现相同的消费趋势。

了解每个群体的思维模式、价值观和生活方式等特点，可以让品牌明确定位其广告信息。

3. 个人因素：消费者的购买行为和决策受其个性、年龄和生活方式的影响。70岁的消费者几乎不会为自己购买20岁时会买的产品，生活方式、爱好、兴趣和价值观也会随着生活的改变而改变。例如，消费者可能在步入中年、有了家庭后停止吃快餐，转而坚持低胆固醇饮食，用更健康的生活方式避免日后可能出现的健康问题。

4. 心理因素：心理因素可分为动机、感知、学习，以及态度和信念。
- 动机是一种需求的表达，驱动着消费者产生购买行为。动机存在于潜意识中，

> **个人因素**
>
> 　　对个人因素的研究也被称为消费心态学，是根据人们的态度、愿望和其他心理标准对其进行研究和分类，常用于市场调研。

度可以被定义为一种感觉，是一种面对某个对象或情况时采取某种行动的倾向。信念和态度通常是深深植根于内心的，很难改变。对于许多人来说，他们的信念和态度是他们的个性和自我的一部分。

因此较难衡量。
- 学习指新的信息和新的体验让人的行为方式发生改变。
- 信念是个人由于获得的经验、学习和家庭等外部影响而坚定不移地相信某事某物。个人的信念会影响其购买行为。态

通过识别和分析影响消费者行为的各种因素，品牌可以更好地制定营销策略和明确推广信息。也就是说，独特的价值主张、广告宣传等满足消费者需求的有效方式，能够帮助品牌定位目标消费者和提升销量。

置、数量、类型等）、收集数据并分析、评估结果以及制定策略也都是消费者行为研究的一部分。用于市场调研的方法和模型有很多，包括问卷调查法、实验法和观察法等。

市场细分、目标市场和市场定位

　　市场细分（Segmentation）、目标市场（Targeting）和市场定位（Positioning）三者被简称为STP，是一种战略营销理论，在营销实践中被广泛应用，旨在制定和传递个性化的信息来吸引不同的受众。

　　STP理论也与数字时尚营销相关，可有助于开发更有价值的网络传播信息。此外，STP理论让品牌能够先确定有价值的细分市场，然后为每个细分市场定位产品和制定营销组合策略，提高了效率。

市场细分

　　市场细分是根据不同特征将市场进行归类，目的是帮助零售商识别可能购买其产品的消费者，并让零售商能通过广告和其他营销策略更好地吸引还未成为其客户的消费者。

小型服装零售商、制造商和批发商将研究重点放在细分市场的人口特征、个性和需求上。服装零售行业有几种关键的细分市场，这使企业可以进一步识别其目标消费者并将自己的产品同主要竞争对手区分开来。

市场细分、目标市场和市场定位都能让品牌识别到市场上存在的不同需求，有助于品牌增加收益。

市场细分的第一步是进行市场调研，确定如何准确地将市场划分为不同购买群体，明确这些群体在购买行为和对产品或服务的需求上有什么不同。市场细分是一种将消费者分类的方法。

市场定位

时尚品牌必须明白个性化的重要性，能够正确定位自己在客户心中的位置和吸引目标客户，才能让自己的产品和服务在竞争激烈的市场上脱颖而出，赢得更多的市场份额。良好的品牌定位是企业成功的关键因素，需要仔细斟酌。

简而言之，市场定位就是在消费者心目中定义品牌的产品与服务，让消费者明白品牌意义，让消费者因此选择购买该品牌的产品而不选其他品牌。营销人员会努力为品牌或公司创建品牌识别或品牌形象，在竞争对手的衬托下更为明确地突出自己的定位。最重要的一点是，品牌的营销活动要围绕同一个目标展开，向消费者传递连贯、统一的信息。

定位一个品牌或企业的产品或服务本质上就是在客户眼中定义这个品牌是谁。例如，营销人员会试图为一个品牌或企业创造一个独特的身份或形象，并与市场上其他竞争对手有所区别。

市场定位需要品牌通过分析自己与其他品牌的相似点以及差异点来进行正确的品牌识别，好的定位能让品牌个性鲜明、脱颖而出。市场定位

时尚产业有多个不同的细分市场，这里举几个简单的例子。

按性别细分市场

一些规模较小的服装零售商会只提供针对特定性别的时尚产品，如只销售男装或女装。

按年龄细分市场

年龄也是一个服装零售商可以用来细分市场的因素。例如，很多零售商瞄准了喜欢追随时尚的青少年市场，不断开发新系列，其他零售商则可能会专注极具规模的童装市场。

按地域细分市场

一些聪明的零售商和营销人员意识到，不同地域的消费者会有不同的偏好。例如，生活在气候温暖地区的人穿短裤和泳装的时间更长，而其他地区的人会对外套有更大的需求。

按生活方式细分市场

生活方式也是营销人员可以选择的一个市场细分因素。例如，为猎人或军人生产服装的服装制造商销售迷彩服和军事产品，来满足其客户的生活方式和需求。

此外，有些细分市场可能会因为太小而竞争十分激烈。

是制定营销策略和展开品牌传播的基础。

总的说来，市场营销是一种战略管理。正是因为如此，制定营销策略必须注重品牌或公司的长远发展，特别是在面对竞争压力时。因此，成功的营销人员应该照顾到业务的方方面面，包括未来的项目和时尚产业的其他领域。成功的公司会提前做好5~10年的规划，并且通常对竞争对手了如指掌。市场营销不仅是一系列与业务相关的策略，更是一种能够活跃思维的商业视角，应该融会贯通到公司的每个部门。每家公司都依存于客户，而那些最能满足客户需求的公司总能在时代的变革中生存下来。

因此，营销策略是商业战略的重要组成部分，应通过战略规划将品牌营销与其他商业活动融为一体。

消费者画像（Customer Profile）

成功的营销策略始于消费者画像，消费者画像能帮助品牌更好地满足消费者需求。想获得消费者画像就要对消费者生活的方方面面进行深入调研，如读什么杂志、吃什么食物以及去哪里购物等。时尚营销人员有很多种方法来完成消费者画像的创建。例如，社会阶层可以很好地反映出消费者的价值观、人生态度和生活方式，年龄、性别、职业和教育背景等也是营销人员创建消费者画像的重要方面。

营销人员有时用"肖像画"来定义目标受众，通过绘制一个虚构的形象并和消费者进行交流。创建这个形象的时候，需要想象他/她是谁，他/她是个什么样的人，以及什么是他/她的驱动力等，并在此基础上不断地对形象编辑修改，直到满意为止，然后将这个形象用于定位目标消费者。

> **肖像画（Pen portrait）**
>
> 肖像画可用于非正式地描述一个人或一个群体，可以作为市场调研和消费者画像时的一种非正式的定性研究方法。

一手资料和二手资料

市场调研方法主要分为两类，即一手资料调研和二手资料调研。一手资料调研是自己设计和展开的调研。例如，在需要了解消费者对饮料酸甜程度的喜好时，营销人员会通过询问某些消费群体来获得答案。而二手资料调研是利用别人已经研究和整理好的信息。例如，如果你正考虑开一家为身高较高的消费者群体做衣服的公司，你不需要到处询问人们的身高来掌握这类消费者的人数。这些信息政府已经统计好了，在网上或图书馆里就能找到。对于大多数创意行业来说，市场调研无论对于设计开发还是对于市场营销都非常重要，但也要明白，市场调研只能降低新产品的风险，并不能彻底消灭风险。

消费趋势

了解消费趋势并能成功应用消费趋势，永远是企业和营销人员成功的密钥。全球消费者的行为和偏好都在以前所未有的速度变化着，这意味着营销人员和时尚预测者必须要密切关注消费趋势，而对消费趋势的关注最终要转化为可以创造利润的创新设计。服装企业可以有自己的趋势预测团队，也可以购买趋势预测机构提供的信息。无论采用哪种方式，能顺应消费趋势才是成功的关键。此外，还需要考虑这些问题：新的趋势是否会影响或重塑公司的愿景？能不能激发新的商业理念？要不要开展新项目或建立新品牌？是否为特定细分市场的产品、服务或体验带来了些许新意？要如何通过营销、广告和公关来成功地传播……重中之重是，企业必须利用消费趋势获得竞争优势，并不断创造和提供令人欣喜的新产品和新服务（图5-3）。

"消费者行为影响着时尚产业发展中的方方面面……心理因素、社会因素和文化因素都影响着人们如何购买、购买什么、什么时候购买、在哪里购买和为什么购买。"

——拉斯（Rath），贝（Bay），佩特里奇（Petrizzi），吉尔（Gill）

图5-3
消费者行为。
通过心理、社会和环境因素分析消费者行为对营销和流行趋势预测至关重要。

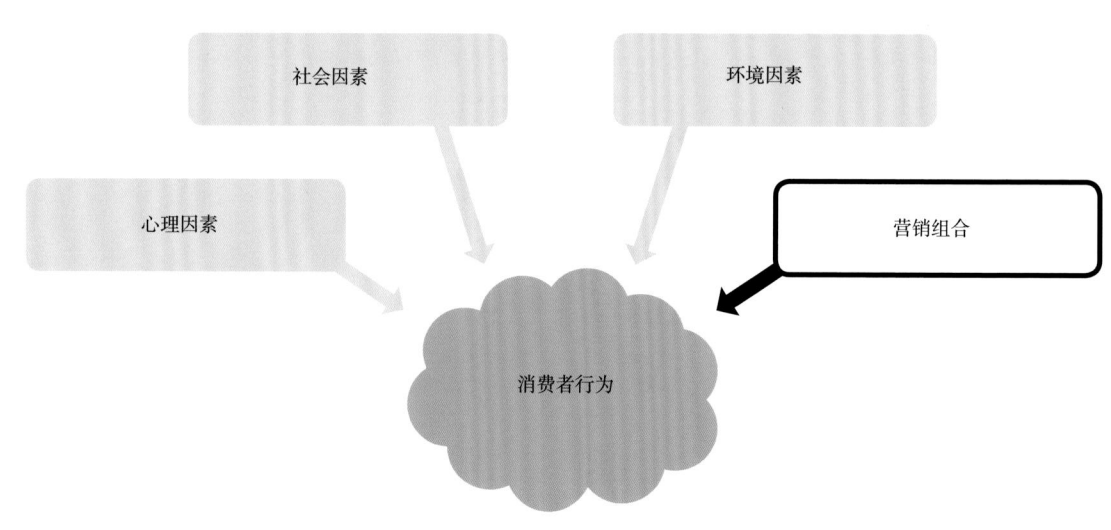

时尚推广

推广可以说是营销组合中最重要的组成部分之一，包括广告、公关和其他推广策略。广告包括任何付费出现在电影院、电视、印刷制品和广告牌上的传播内容，公关则包括新闻发布、交易会和举办活动等，其他推广策略有病毒式营销、网上非正式互动、忠诚客户的推荐，以及通过博主推荐提高品牌口碑等。

从所有形式的推广策略中找到最适合与目标消费者进行沟通的方式是很重要的。时尚推广最主要的目标是提高品牌和产品的知名度，从大众市场零售商到小众品牌和独立设计师，时尚产业的所有公司都离不开各种时尚推广策略（图5-4）。

时尚公关（Fashion PR）

时尚公关要向一个或多个目标消费者传达信息，用积极的方式去影响他们。时尚公关机构为品牌和零售商建立和维护良好的公众形象，让公司和品牌名称持续在大众视野中出现。公关人员通过电视、报纸、广播和邮件等多种渠道传达品牌信息，通常负责以下工作：回答个人、记者和各种媒体提出的问题；撰写新闻稿件和发布文章；组织新闻发布会、会议、展览、招待会和观光活动；撰写和编辑内部刊物；创建和维护关系网；规划和发起公关活动。时尚公关人员还要在出现问题或产生舆论危机时负责与媒体保持沟通。因此，时尚公关人员必须注意维护与媒体间和谐的工作关系。

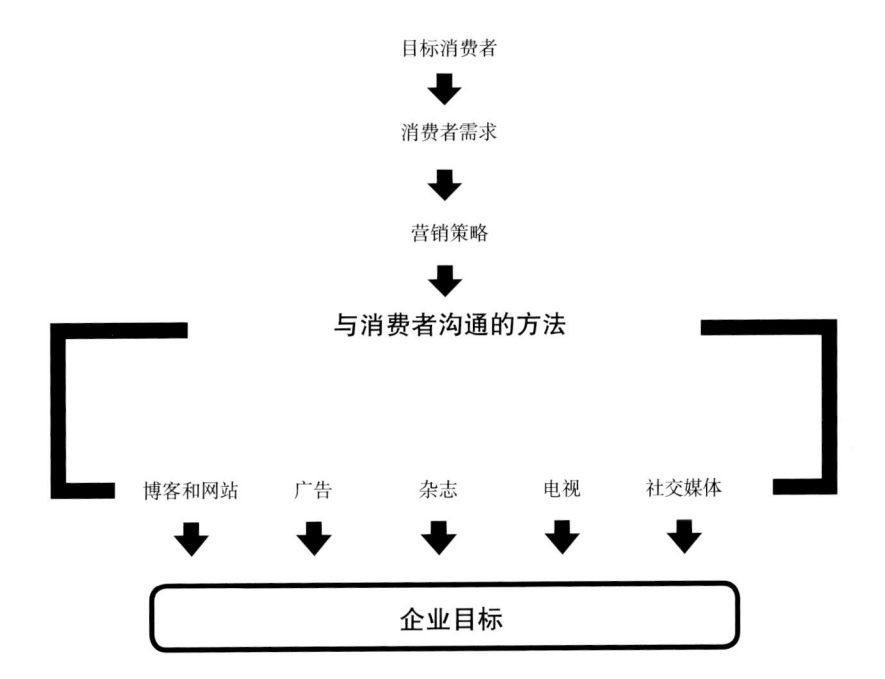

图5-4

明确目标消费者。 推广是营销组合中最重要的组成部分之一，所有的推广策略都应被视为公司战略的一部分。

目标消费者
↓
消费者需求
↓
营销策略
↓
与消费者沟通的方法

博客和网站　　广告　　杂志　　电视　　社交媒体
↓　　　　　↓　　　　↓　　　　↓　　　　↓

企业目标

要想在公关行业取得成功，需要具备出色的书面表达和语言沟通能力，能同时处理多项不同事务，有创造力、有决心、有好的口才和有坚持不懈的精神。初级公关岗位往往竞争激烈，许多人都是在新闻、广告或营销等领域积累了工作经验后才进入公关部门工作的。

新闻宣传

新闻稿和媒体宣传资料是品牌或时尚公司发布的意在树立良好公众形象的信息资料。其他宣传方式包括传统的宣传册、通信简报，以及越来越普遍的通过社交媒体进行内容输出的方式，如时尚博客、脸书和推特等。新闻宣传旨在通过媒体介绍新产品、新系列或新的服装产品线。通过向时尚杂志、报纸和博客等相关媒体发送新闻信息，目标消费者可以随时了解品牌的动态，如新产品和新品发布会、时装秀、活动、品牌成就、产品获奖情况以及具有新闻价值的品牌故事。较小的品牌或企业通常会雇用公关机构来帮助他们与更多的消费者建立联系。

植入式广告

产品植入也被称为嵌入式营销，是指品牌通过将自己的产品融入影视作品以及通过明星穿搭展示来提高品牌知名度和增加销量。在如今明星文化盛行的环境下，这种营销方式越来越有效。当明星出现在颁奖典礼或首映式的聚光灯下时，或者只是走在街头被拍到，其所穿的服装品牌都能获得大量的免费宣传。当这些照片被发布在报纸、杂志和网络上，脚注里设计师的名字就是一种重要的宣传。

创新推广方式

如今的时尚消费者非常关注流行趋势并且被大量信息包围，所以时尚营销人员需要紧跟最新趋势，以便能以最有效的方式将信息传递给目标消费者。品牌一直在寻找更多创新的方式来吸引消费者的注意（图5-5）。

病毒式营销（Viral Marketing）

社交媒体正越来越多地被品牌用来激发消费者对品牌的兴趣，并通过病毒式营销建立品牌忠诚度。为了节省成本，一些品牌已经放弃了传统的广告形式，但营销依然需要在传统和创新之间找到平衡。有远见的品牌会同时运用传统营销方式和新兴营销方式来保持市场占有率，增加品牌

图5-5
路易威登（Louis Vuitton）。
2004年，为庆祝品牌成立150周年，路易威登将品牌标志性行李箱制成多个巨型模型放置在巴黎门店周围。
图片由Alamy官网提供

声誉和吸引力。

大多数人认为，社交媒体营销和病毒式营销会继续存在，消费者对品牌的生存与发展也会有更大的决定权。我们可以看到，大多数主要时尚品牌都有脸书粉丝主页和推特账号。因为至少目前看来，与消费者的线上交流在推广活动、提高销量和推动消费趋势方面发挥着重要作用。

时尚电商ASOS是当代时尚产业中最具社交意识的品牌之一（图5-6）。截至2018年，ASOS拥有约550万Instagram粉丝、400万脸书粉丝和100万推特粉丝。这些数据表明了ASOS在吸引和留住消费者方面的能力与成就。

虽然新的传播方式对时尚品牌很重要，但要注意的是，新的传播方式不能取代传统的、更正式的方式，因为品牌建设不能只靠病毒式传播。这种以消费者为导向的沟通和宣传方式，应是品牌营销策略的重要组成部分。以ASOS为例，口碑营销（buzz marketing）在吸引16~34岁的目标消费者方面起着重要作用。

图5-6
时尚电商ASOS是当代时尚产业中最具社交意识的品牌之一。
图片由Getty Images提供

口碑营销

口碑营销是通过互动的方式来调动消费者对产品和服务的关注与期待，使品牌拥有良好的口碑是病毒式营销、公关和广告等宣传手段的目标之一。

"编辑们非常欣赏我对产品的了解程度，哪怕这些信息超出了他们需要了解的范围，因为这让他们知道了我信息储备丰富而且充满热情。我无法为一个自己不感兴趣的品牌做好公关工作。"
——珍娜·梅洛维茨（Janna Meyrowitz），Style House的公关

时尚传播

时尚传播是指通过广告和其他方式宣传产品。创新性和原创性既是时尚传播成功的基础,也是业内人士的核心素养。

品牌和品牌标识正是时尚传播的直接形式,其力度我们都深有体会。品牌信息需要广泛传播才能被看到,需要足够精彩才能脱颖而出,需要清晰和直接才能被更好地理解。品牌信息可以通过语言或非语言形式传播,成功的品牌传播不是一蹴而就的,而是日积月累的成果。

时尚传播形式:品牌化

根据美国营销协会(American Marketing Association,AMA)给出的定义,品牌是"名称、专有名词、标志、符号或设计,或它们的组合,用于识别一个或一群商家的产品和服务,并将其与竞争对手区分开来"。为了打造一个成功的品牌,企业必须了解并满足消费者的需求,并通过品牌策略提高消费者忠诚度。成功的品牌建设一定是建立在对品牌、竞争对手和整个行业而言都具有前瞻性的定位策略之上。了解竞争对手的动态,从他们的错误和成功中吸取教训和总结经验,对于在竞争中脱颖而出非常重要。

时尚品牌的命名

品牌建设的过程从品牌命名开始,命名策略取决于品牌是不是定位为设计师品牌。在时尚产业,最常用的品牌命名方式就是使用设计师的名字作为品牌名称。有趣的是,如果品牌使用了设计师的全名,如卡尔文·克莱恩或汤米·希尔费格(Tommy Hilfiger),那么品牌总让人联想到品牌创始人本人;而对于只使用设计师姓氏来命名的品牌,如普拉达和古驰,品牌则给人一种高于

时尚传播过程中需要考虑以下几个内容:

谁是信息传播者?

可以是品牌,比如古驰或普拉达。

什么是传播的信息?

信息是信息传播者所说的、所写的或者所展示的内容,比如图像或广告。

什么是传播的渠道?

可以是杂志或广告牌等。

谁是信息传播的对象?

传播对象是指接收信息的人,通常是目标消费者。

时尚传播是时尚产业的一个重要领域,竞争激烈。如果想在这一领域发展自己,需要有丰富的视觉传达知识并善于沟通,需要能开发出富有吸引力的品牌信息并能够以充满创意的方式去传播,还要对设计、传播、零售和商业之间的关系有深入的理解,因为这是时尚品牌成功的关键。

"你的脑海中充斥着大量品牌的信息,但你却对它们印象模糊。那些能让你信赖的和记住的品牌,如香奈儿和阿玛尼,一定代表着什么。时尚是为了创造一种消费者可以用来展示自我的形象,这个形象会变化、会发展,但绝不会每两年就改头换面一次。"

——拉尔夫·劳伦

图5-7
古驰。
古驰是一个知名奢侈品品牌,品牌标识极具辨识度。品牌最初是一家由古驰欧·古驰(Guccio Gucci)创立于佛罗伦萨的皮具工坊,其标志性的"双G"帆布图案设计灵感源于第二次世界大战后皮料短缺的境况。古驰的品牌标识目前已成为世界上被复制最多的标识之一。
© Marie Simonova via Getty Images

设计师的存在感。

虽然许多知名品牌的命名并不依赖于特定的设计师,如斐乐(Fila),但他们也投入了很长时间和大量成本才成为今天家喻户晓的名牌。用设计师的名字命名通常是品牌在变幻莫测的流行趋势中保持鲜明风格的最佳方式(图5-7)。

时尚传播形式:广告

时尚广告是通过付费拍摄传播时尚和生活方式的影像,来宣传从服装、配饰到香水的各种产品。广告无处不在,遍布电视频道、电影院、广告牌、公共交通工具、报纸、杂志和网络。没有广告的生活已经无法想象(图5-8)。

时尚广告成功的传播关键在于思考清楚以下几个简单的问题:客户是谁?他们喜欢什么?如何吸引他们的注意力?例如,如果时尚品牌想面向年轻、时尚的消费者进行营销,那么其投放的广告必须能吸引这个特定的消费者市场。用和开发产品的一样的力度来制作和投放广告,才能获得最好的营销效果。

大型时尚企业会为广告投放安排巨额预算,并聘请广告公司进行制作,其他品牌也会通过广告来

图5-8
时尚广告。
时尚广告的目的就是吸引消费者的注意并说服他们购买产品，这意味着品牌要让广告尽可能地对目标消费者充满吸引力。
© Jie Zhao via Getty Images

巩固和拓展自己的市场。无论市场在哪里，不管预算有多少，所有时尚品牌的目的都是一样的：向消费者展示特定生活方式的影像，讲述能吸引他们的品牌故事，进而促使他们购买自己的产品。

时尚广告的形式

最常见和最广泛使用的时尚广告形式是平面广告，充斥在 Vogue 和《时尚芭莎》等光鲜杂志的版面上。平面广告还经常出现在广告牌上，这在洛杉矶、纽约和伦敦等城市随处可见。普拉达、古驰和香奈儿等大型时尚品牌总是投入大量资金在广告宣传上。

网站是另一种有效的广告形式，因为网络永不"打烊"。成功的网络广告可以将流量引向品牌官方网站。此外，网站之间可以相互链接跳转，能够吸引更多客户。

爱达公式（AIDA）

关于时尚广告和目标消费者的购买决策有很多相关理论。爱达公式（AIDA）是美国广告和销售专家圣埃尔莫·刘易斯（E.St Elmo Lewis）于1898年首次提出的一个简单有效的模型，广泛应用于时尚广告。这几个首字母的含义如下：

A——注意（Attention）

I ——兴趣（Interest）

D——欲望（Desire）

A——行动（Action）

爱达公式指出，广告必须首先能引起消费者的注意。产品的优势、好处和特点必须通过广告向消费者展示出来，从而提高消费者的兴趣。产生兴趣之后，需要说服消费者产品能满足他们的需要，激起其购买欲望。"行动"用于检验广告的效果，即消费者购买产品的行动。

时尚传播形式：视觉营销

视觉营销可以被看作是用视觉符号吸引消费者的艺术。视觉营销出现在20世纪初，当时的百货公司使用舞台布景设计和灯光打造充满异国风情的橱窗陈列，吸引消费者进店消费。今天，商店里的电梯、灯光、试衣室等每个细节都经过了精心设计，旨在尽可能地提高销售额。视觉陈列涉及多种不同的元素，如颜色、灯光、空间布置、产品信息、音乐、数字技术和互动装置等。无论是高街连锁品牌还是精品时装店，不管是实体店还是网店，都离不开视觉陈列。

视觉陈列师

视觉陈列师主要负责以下工作：为店铺开发富有创意和充满艺术性的陈列概念；打造店铺的视觉吸引力；执行有效的销售策略；对店铺的视觉陈列进行维护；挖掘新的店面设计创意。视觉陈列师既需要有艺术天赋和商业头脑，还需要有较强的团队精神和良好的沟通技巧。如果你有在视觉营销领域发展自己的想法，可以尝试通过实习获得相关工作经验（图5-9）。

"我们做的任何广告都是有争议的。如果广告是感性的，并且与我们的产品有关，我愿意冒这个险。我很喜欢这些广告。"

——卡尔文·克莱恩

设计理念

店面的设计和布局是品牌向消费者传达品牌形象的重要方式。了解消费者行为才能设计出让消费者体验良好的布局方式，因此从消费者角度出发的商品陈列才可以看作是有效的营销工具。

精心设计的商店橱窗能够激发潜在的消费者，吸引他们进店消费。橱窗陈列能吸引消费者3~5秒的注意力，因此成功的橱窗陈列必须能立即产生影响，传达强烈的视觉信息。与众不同而又富有艺术气息的橱窗展示可以让消费者充满期待地走进店铺。橱窗陈列是店铺给客户的第一印象，好的设计是从竞争店铺中脱颖而出的最简单的方法。

图5-9
"未来主义花朵"橱窗陈列。
一个优秀的视觉陈列师会用创意将客户吸引到另一个不同的世界。
图片来源：英国皇家艺术学院（RCA）毕业生蔡筱淇（Hsiao-Chi Tsai）和吉川公野（Kimiya Yoshikawa）为英国哈维尼克斯百货2007春夏橱窗展示设计的大型艺术装置"未来主义花朵"（Futuristic Flowers）系列。
© 2007 Hsiao-Chi Tsai and Kimiya Yoshikawa. All Rights Reserved.

案例研究：Zara的营销策略

Zara由阿曼西奥·奥尔特加·高纳（Amancio Ortea Gaona）于1974年创立，是西班牙最著名的时尚品牌。作为一个快时尚品牌，Zara已成为世界连锁的时装零售商之一。Zara目前拥有超过2169家门店，遍布88个国家，并且这个数字预计在未来几年里将翻一番。Zara于2010年进入印度市场，在当地已有超过18家门店，并会继续有门店开业。Zara成为第一个在印度销售额有所突破的服装品牌。

Zara的母公司Inditex集团旗下其他品牌包括：Massimo Dutti、Pull & Bear、Uterique、Stadivarious、Oysho和Berksha。路易威登前时尚总监丹尼尔·皮耶特（Daniel Piette）认为，"Zara可能是有创造性但又是最具破坏性的品牌"。

Zara的营销组合：产品

Zara采用的营销策略被称为时尚界的"可口可乐"，其产品让时尚消费者争相抢购。能够快速响应客户不断变化的需求是Zara的主要优势之一。该集团自己生产产品，而不使用外包供应商，从而让Zara能够完全控制产品线和生产周期。Zara的销售主张（USP）是"模仿和创造最新时尚"。一般情况下，新款式2周内就能上架销售，最多不超过4周。如果一款产品卖不出去，就会被立即下架（图5-10）。

然而，遍布全球市场也意味着产品设计时必须要多考虑一些因素。例如，印度全年高温，对服装产品的季节性需求与大部分市场不同。此外，用结合了当地传统与现代元素的设计来满足印度消费者的文化需求也很重要。

Zara的营销组合：价格

Zara的品牌理念是提供消费者买得起的时尚产品，并以时尚的款式和低廉的成本著称。廉价的劳动力、便宜的面料和快速的生产周期，保证了Zara能采取低价策略。这使大多数消费者都能负担得起Zara的产品，让Zara在全球市场拥有重要地位。

Zara的营销组合：推广

Zara的营销策略是"零投资营销"，用设计理念和产品进行推广并与竞争对手区分开，把营销的费用花在开设新门店上。简单来说，Zara营销策略的核心是"独特性""差异化""体验感"和"低价格"。

图5-10
新款式通常2周内就能上架销售。
© Kay-Paris Fernandes via Getty Images

图5-11
现代化设计。
门店设计以白色为主色，并配以大量镜面墙和精心布置的照明。
© Bloomberg Via Gettg Images

　　Zara的目标市场是生活在城市中的18～40岁的消费者，因为他们比其他年龄段都更注重时尚。将这一市场的消费者进行细分，则由65%的女性、25%的男性和15%的儿童组成，其共同点是拥有时尚意识并受过教育。

　　在Zara的营销策略中注重陈列的细节、销售人员的穿着以及橱窗布置等。每家门店都按计划执行，而且可以随时与西班牙总部讨论营销方案和改进策略。

　　Zara频繁地小规模上架新品和更新库存，吸引消费者密切关注产品动态，刺激消费者购买需求，并及时发布产品动态，而其产品管理系统以及线上购物渠道的开通，使其门店数量仍在增长。

Zara的营销组合：渠道

　　Zara是一家垂直整合的零售商，这一点对其成功有重要贡献。垂直整合是指一个品牌自己负责设计、制造和分销所有产品。通过垂直整合，Zara成为世界连锁的品牌之一，在超过88个国家拥有门店。

　　Zara拥有的门店中90%是自营门店，另外10%以合资或特许经营的形式存在。这意味着，无论客户在何处走进Zara门店，都将拥有与伦敦、纽约、里约热内卢、巴黎或新德里等地门店一样的购物体验。门店的设计简洁现代，以白色为主色，并配以大量镜面墙和精心布置的照明（图5-11）。

　　大多数品牌营销时主要依赖消费者口口相传的口碑。而很多人认为，Zara的设计师团队是其营销的关键所在。Zara聘用年轻设计师并对他们进行培训，让设计师能更好地做出正确的产品决策。而且重要的是，Zara 不会去惩罚不好的产品决策。

　　最后，Zara的设计师每个月至少开发500款新设计，品牌不断开发新品的营销策略，在一定程度上避免了产品的打折出售。

> **口碑宣传（Word of mouth）**
>
> 　　对产品或服务感到满意的消费者将购物体验分享给他人，不经意间为品牌做了宣传。

本章小结

本章结合广告、设计和企业管理等综合要素讲述了市场营销、推广和宣传的策略，覆盖了时尚营销的关键点。学完本章内容后，应该初步了解如何确定目标市场、如何确保产品在市场上引起关注，以及如何让产品受到目标消费者欢迎和获得成功。

了解和确认最新趋势以及消费者购买行为是营销的一个重要准备工作。能把设计创新和时尚产业动态融入广告宣传，打造出符合目标消费者需求的广告内容与形式，是营销的关键内容之一。

通过了解时尚营销基础知识以及品牌与客户的联系，可以发现服装背后的品牌故事是企业营销服装的基础，而企业营销的目的也不仅是增加销售额。营销能够提高消费者对品牌的忠诚度，这对提升企业的公共形象有重大作用。

时尚营销有很多理论研究，经典的4P营销组合理论就是其中之一，如本章所述，这是一个非常简单的介绍性框架，可用于初学营销阶段。

要记住，在时尚产业，品牌成功的基础是既拥有令消费者满意的好产品也要知道如何吸引消费者购买这些产品。品牌可以选择传统营销方法，即所有部门作为独立的个体来运作，或者可以使用整合营销方法，让所有部门紧密协作。

市场营销的核心内容包括推广和宣传等，而推广可以说是营销组合中最重要的部分之一。确定目标市场是制定推广策略的一个关键步骤，因为这对于经营任何一家成功的时尚企业，无论大小，都至关重要。有关详细信息，请参阅本书第7章。如果不花精力确定目标市场，公司很可能会在对其产品不感兴趣的消费者身上浪费宝贵时间。

总而言之，时尚营销是时尚产品销售过程中一个重要的、高度专业化的、激动人心的、科学的领域，有趣且充满挑战。

案例研究与章节回顾

问题1：时尚品牌Zara是何时何地成立的？
问题2：请阐述Zara的一个竞争优势。
问题3：Zara的销售主张是什么？
问题4：Zara的低价策略是如何实现的？
问题5：在Zara的营销组合中，垂直整合意味着什么？

自测表

1. 请阐述时尚品牌策划市场营销活动的一些主要内容。
2. 请概述4P营销组合理论。
3. 请阐述传统营销与整合营销的区别。
4. 目标市场和目标消费者对营销十分重要,那么什么是消费者行为研究?请列举出三个有关消费者行为的重要研究内容。
5. 如何建立消费者画像?
6. 请说明什么样的推广活动能够实现品牌理想的宣传效果。
7. 什么是视觉营销?
8. 时尚传播对任何品牌来说都很重要,请简要说明传播的要素。
9. 什么是爱达公式?
10. 请简要描述时尚传播的主要形式。

练习

找到完美目标市场的5个步骤

营销策略的重要内容之一是建立理想的目标消费者画像。当你明确了谁是自己的理想客户，你的信息传播、产品、服务、销售和支持都将围绕这个群体展开，对获得成功至关重要。

这虽然是一个理论练习，但可用于帮助缺乏客户经验的创业者或企业找到理想的目标客户，请参考下面5个步骤。

第1步：从尽可能小的市场开始

找到认为你所提供的产品或服务是独一无二的消费者，关键是根据人口统计数据或非常明确的问题及需求，找到一个特定的、规模有限的群体，并从中培养出品牌的忠实客户。在小获成功后，你可以继续扩大市场范围，但也可以选择在这个小众市场里发展成顶尖品牌。

第2步：打造独特卖点

你需要创建一个"为什么要选我们"的独特卖点，并用它来解释"为什么选择我们"。这听起来有些像科学领域，但你必须始终以"边尝试，边完善"的方式前进。

第3步：通过消费者调研了解他们

正在迅速发展中的企业每天都有机会从与客户的互动中学到很多东西，新企业则必须创造机会来测试消费者对自己最初的价值主张的反应。独特卖点以及确认其是否可行的关键是针对你定位的目标市场的潜在客户展开调研。这个时候的调研要采用一对一的访谈形式或焦点小组（focus group）形式，以便展开充分的交流与互动。你需要和调研对象讨论的内容包括：他们需要什么？他们的想法是什么？什么对他们有效以及什么无效？他们现在缺什么？这就是你制定营销策略和发展业务的方向，即根据定位的目标消费者来打造自己的品牌特色和独特卖点。

第4步：创建理想的消费者画像

一旦通过调研测试了你的独特卖点，接下来就是研究目标消费者和尽可能地把消费者画像描绘出来。一些有效信息会来自人口统计数据，但更多的信息是通过你的调研获得的。同时，社交媒体等与消费者行为密切相关的方面还需要进行额外的研究。谁是理想的消费者？他们是什么形象？请用笔将他们描绘出来。

第5步：添加策略模型元素

最后一步是将确定的目标消费者融入你的营销策略。成功的商业模式基本都以客户为中心，理想目标消费者将会影响基本商业模式和整体战略。有了消费者画像以后，就可以考虑如何据此完善之前的计划了。例如，可以根据消费者画像测试收入来源、分销渠道，甚至定价。你需要思考如何才能接触和打动这些消费者，以及需要拥有哪些资源才能在这个目标市场产生影响。

杰米·霍洛威（Jamie Holloway）专访

COS公关经理，美国洛杉矶

问：你的第一份工作是什么？你用了多长时间成为一名公关经理？

答：我的第一份工作是十年前的一份无薪实习。大学一毕业，我就搬到了伦敦，周一到周五在一家时尚公关公司做无薪实习，周六和周日在零售领域兼职。我这样坚持了三个月，累得筋疲力尽。但在实习结束时，我得到了那家公关公司初级客户经理的职位，这是我职业生涯的第一步。每个公司岗位晋升的方式略有不同。就我个人来说，我花了三年半的时间做到经理级别。

问：你是如何以及何时开始在洛杉矶的COS工作的？

答：我是2016年3月开始担任这个职位的。时尚界的几个朋友和联系人提醒我有这么一个职位并认为我应该申请，于是我申请并参加了由公关主管和其他几位团队成员主导的面试。

问：你能和我们分享一些你日常的主要工作吗？你是怎样度过在COS的每个普通的工作日的？

答：说起来可能有些老生常谈了，但时尚传播的工作没有一天是普通的和重复的，工作内容非常多变，这也是我喜欢它的原因。总体来说，我管理着品牌在洛杉矶的展厅，那里有品牌本季和下一季服装系列的样衣。我与造型师、博主和时尚编辑合作，借给他们很多衣服用来穿搭和拍照。我还与伦敦总部的团队密切合作，筹备项目和策划活动。

问：你最喜欢这份工作中的哪个部分？

答：我喜欢与这么多富有创造力的人互动并建立联系，也喜欢看到自己促成的媒体报道。没有什么比看到自己努力工作后得到的成果更令人愉快了。

问：作为公关经理，到现在为止你所取得的最大成就是什么？

答：在我所做的每一项工作中我都有过特别有成就感的时刻，无论是在伦敦时装周举行发布会这样的大型活动，还是推出新品牌，或者是看到杂志或报纸上有我们品牌的独家报道。

问：在工作中你使用了哪些公关方式？这在过去的几年中有变化吗？

答：刚开始的时候，办公室里最常做的事情就是"拿起电话"。我们每天都会打电话给合作伙伴，和他们的团队进行沟通。现在一切都是通过电子邮件完成的，人们很少打电话进行沟通，而且每个人的日程都很紧，通过电子邮件进行交流要方便得多。

问：关于博主在当今时尚品牌推广和宣传中发挥的作用，你是怎样看待的？可以和我们分享一下你的看法吗？

答：我觉得我刚进入时尚界，一个巨大的变革就开始了。从某种意义上说，我很老派，因为我真的很珍视传统媒体，我仍然认为在印刷刊物上看到的才是最好的。但同时，我也喜欢Instagram，也曾买过从网红主播账户上看到的商品。归根结底，每种传播方式都有自己独特的地方。我喜欢同时与传统的时尚媒体和新兴的自媒体博主合作，因为他们都有能量帮助品牌将产品和信息传递给更多的受众。

问：当今时尚产业正在不断发生变化，如日益缩短的时尚周期等。你认为这会影响到时尚传播工作人员的工作吗？如果会的话，你认为会产生什么影响呢？

答：过去几年间发生的变化确实很有意思。我认为我们要看到的是，品牌营销没有唯一的方法或所谓正确的方法。有些方式会带来更多挑战，但这同时也是令人兴奋的机会。作为一名公关人员，我总是选择和自己真正信赖的、有独特视角的品牌合作，和有强大品牌形象的品牌站在一起。如果一个品牌有核心理念，传播策略就会从那里萌发出来。关键是你的思维要灵活，并总是为特定品牌寻找合适的推广方式和做法，而不是把同一种策略用在每一个品牌上。

问：对于那些刚开始从事时尚传播工作的人，你有什么建议呢？

答：我想大多数人都想知道的是，"闯入"时尚界到底有多难？我的回答一直是一样的：在某个层面上，这很难，因为它是一个非常专业的领域，可能存在一些精英主义。但另一方面，企业其实都在寻找工作努力的行业新人。因此，如果在初始阶段愿意付出努力，我觉得6个月内能够获得入门级的职位。关键是，即便只是做一名实习生，也要让自己不可或缺。这样的话，即使这家公司不能给你岗位，也能推荐你去其他地方，或者在将来聘用你。这些年来，我给很多实习生找到了工作机会。同样，我的很多机会都来自职业生涯早期时留给别人的深刻印象。

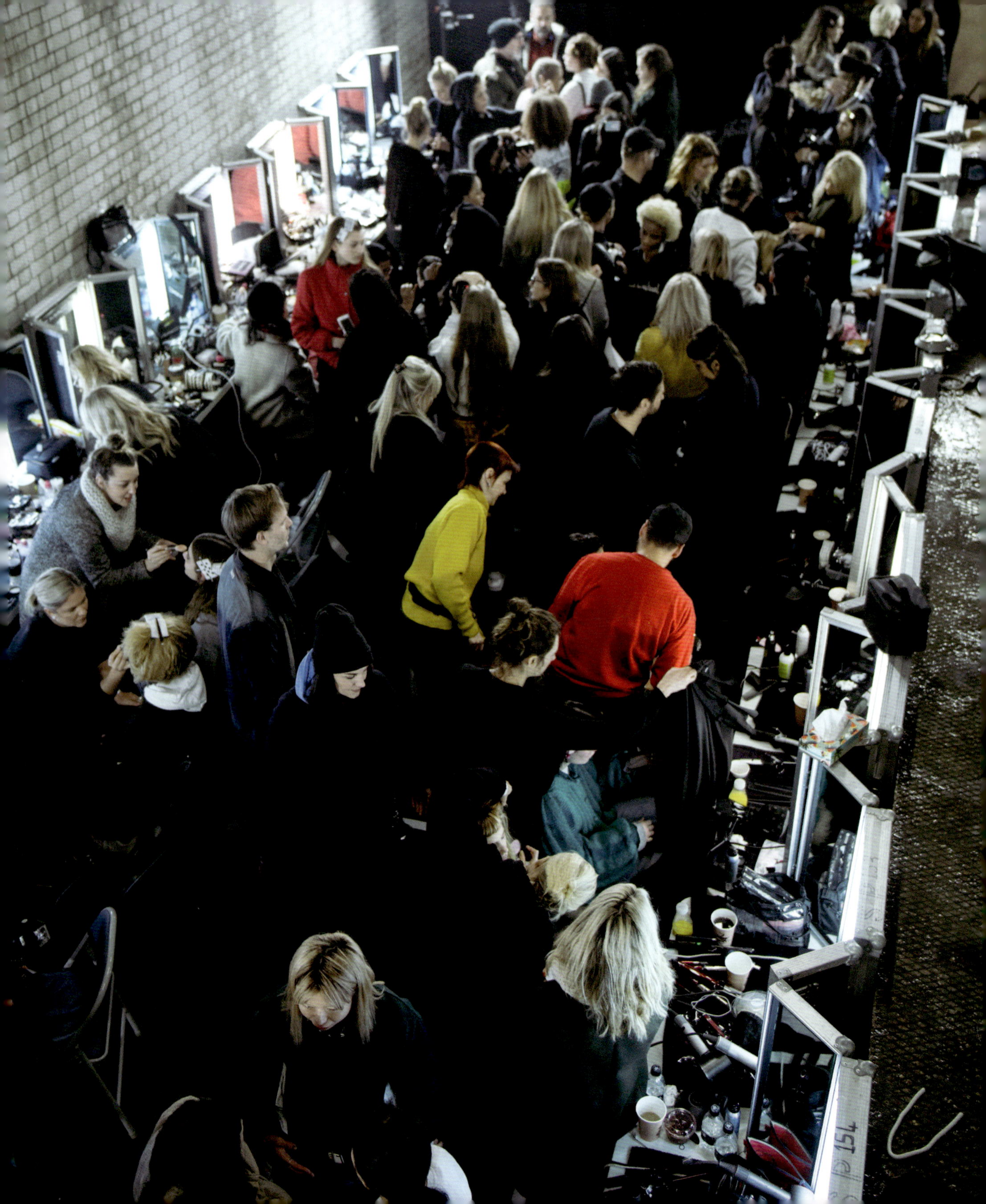

第6章

时尚产业的工具

在本章中,你将了解时尚产业每年的重要日程和重大事件。时尚零售商和设计师每年都会按照"时尚日历"规划的时间节点工作,这个让大多数工作都遵循其指导方针的日历已有数十年的历史,清楚地说明了发布会、订货、交货和新系列上架等各事件的时间段和时间点。此外,你还将了解采购周期、产品开发以及品牌推广方式等时尚产业内重要领域正在发生的巨大变化。

本章学习要点:

- 了解当前和传统的时尚日历。
- 了解时尚产业正在发生的变化。
- 理解时装发布会对时尚产业和采购周期的重大意义。
- 理解时尚媒体在时尚产业运转中的作用。
- 了解时尚策展人这个新兴职位以及时尚展览这种新的时尚传播方式。

左侧图
2018年2月伦敦时装周后台。
时尚产业的顺利运行得益于时尚日历的精心策划和周密安排。
© Ian Gavan/BFC/Getty Images

时尚日历

时尚日历是时尚产业运转的关键组成部分，它是促进全球纵横交错的时尚脉络顺利链接的工具，可以确保时尚活动在举办时间上既不重叠，又足够接近，使时尚买手们能通过一次高强度旅行看遍全球时尚之都的新品。现在，许多公司会在网上发布自己的时尚日历，但这些往往是针对特定领域的，如男装、运动服、鞋子，或特定的市场类别。

时尚产业由零售商、设计师、营销机构和传播公司等众多不同类型的成员与机构组成，要保证这样一个复杂的产业能顺利运转，每一季活动的详细规划是至关重要的，特别是时装发布会这样的重要活动（图6-1）。

时尚日历已经被围攻了一段时间。必须承认，社交媒体的发展让消费者可以立即接触到最新时尚资讯，改变已不可避免。因为大众可以即时看到最新时装发布会的照片，这会让时尚产业中的部分人认为，等到这些新系列上架销售那一天，消费者早就厌倦了，而快时尚品牌可以几周内就上架时装发布会刚展示出来的流行趋势与设计，这更增加了这种担忧。服装从设计到上架销售的传统流程有许多阶段，包括设计、战略采购、向买手展示、订单生产以及交付到店，而更新的、更快的生产方法缩短了这个周期。然而，短周期也是有风险的，匆忙的创作过程让很多人担忧，特别是设计师们，追求速度意味着服装可能要在没有保障的工厂生产。此外，规模较小的设计品牌没有资源来缩短周期，这种"即看即买"的趋势正在导致巨大的行业变革。本章后续将讲述一些设计师改变时尚日历的方法。

图6-1
香奈儿2011年秋冬高级定制系列。
香奈儿的时装发布会通常在巴黎壮观的场所举行，如图中展示的大皇宫（Grand Palais）。
© Dominique Charriau via Getty Images

时装周

虽然时尚产业及时尚日历在变化,但传统时尚营销模式仍然是时尚产业的中流砥柱。传统时尚营销模式中最为人熟知的就是每季在纽约、伦敦、米兰和巴黎举办的时装周。纽约时装周不仅是每季第一个开始的时装周,也是世界上第一个举办的时装周,最初由公关埃莉诺·兰伯特(Eleanor Lambert)于1943年创办,旨在展示美国设计师的作品。秋冬时装周通常在每年2~3月举办,展示即将到来的秋冬系列;春夏时装周通常在每年9月举行,展示来年春夏系列。但是,如今这种模式也在发生变化:许多品牌和设计师有独立的时尚日历,方法和时间的安排更加灵活。尽管如此,大多数设计师仍然按传统的时尚日历在上述四个时尚之都展示他们的新设计。

"四大时装周"是时尚产业运转的基础,知名度最高,但现在世界各地都有时装周,从斯德哥尔摩到首尔,再到悉尼。每次时装周时,通常被戏称为"计划外"的那些商业化程度较低、更具前卫性或更富有创造性的设计师发布会,往往会选在仓库、火车站、画廊、花园、博物馆甚至私人宅邸等非传统场所举行。

筹备时装发布会的过程昂贵且耗时,需要做大量辛苦的工作,不是一个人能够完成的。许多设计师会雇用团队一起工作,以获得最好的效果。

成功的时装发布会离不开赏心悦目的美学设计和充满能量的工作人员,以及他们的精心策划和高效执行。时装发布会需要组织、策划、能量、热情、场地、音乐、模特和舞蹈艺术等要素,并正变得越来越多元化。现在有许多专业的制作公司,能承担从后勤服务到挑选模特和音乐的一切工作(图6-2)。

在详细介绍举办时装发布会所涉及的活动之前,需要先注意一下时装发布会的性质正在发生变化。以下内容概述了这种转变产生的部分原因。

时装发布会的前景

自20世纪40年代以来,时装发布会的形式基本没有变过,新的服装系列都会提前6个月通过发布会展出(图6-3)。

图6-2
成功的时装发布会离不开赏心悦目的美学设计和充满能量的工作人员,以及他们的精心策划。
© Andreas Rentz via Getty Images

过去，趋势预测者会提前几年预测时尚消费者未来会穿着的颜色、面料和款式。流行趋势被预测机构预测出来，并通过设计被实现，通过时装发布会被展示，通过制造商生产出来，再通过零售店销售出去，简直就是"时尚机器"上永不停歇的传送带。然而，正如前几章所指出的那样，以Topshop为代表的高街时尚品牌完全是另一种营销模式。这些品牌快速地、持续地更新产品，有时甚至以天为单位，紧紧跟随着流行趋势。在高端时尚界，时尚周期也在加速运转。那些出现在传统的春夏系列和秋冬系列时装发布会之间的度假系列、早秋系列和胶囊系列，都是为了带来更多创新和丰富的产品而引入的。

时装发布会的未来是目前业界和学术圈正在讨论的一个热点话题。随着数字化技术的发展和大量新品牌的不断涌现，以及早春或早秋系列产品的流行和品牌营销方式的转变，时尚产业将要发生巨大变化。

2016年2月，博柏利宣布将对发布会和零售日历进行调整，每年只举办两场无季节性的新品发布会，并且新系列可立即在网上和实体店买到。2016年9月，汤姆·福特也取消了纽约的时装发布会。这表明，"即看即买"模式正在快速发展，而其独特的周期和新系列展示方式将对其他设计师和品牌产生影响。

随着一些品牌开始尝试"即看即买"的营销模式，其他新营销模式也开始出现，如预约展示、线上时装发布会，以及通过一个发布会同时展示男装和女装系列的模式。然而，无论人们对流行和冲动性消费的态度如何，时装发布会就是时装发布会，充满灵感和梦幻。四大时装周曾经是时尚编辑、时尚买手和高端消费者的领地，现在吸引了超过23万名参与者，同时还拥有庞大的线上观众群体。

但时装周能否应对一切行业变化？可以看到如今时尚界的许多设计师已经在尝试改变，博柏利和汤米·希尔费格等大品牌正在发起"即看即买"模式。2016年2月，包括普罗恩萨.施罗（Proenza Schouler）和迈克高仕（Michael Kors）在内的设计师，在纽约时装周期间开始销售胶囊系列。随着新模式的涌现，时尚产业的格局正在发生重大改变。但巴黎时装周显然没有顺应这种变化，而是选择坚持传统的时尚日程安排、精致的供应链和呈现令人期待的奢侈品。

图6-3
维果罗夫2011秋冬时装系列。
维果罗夫亮相2011巴黎秋冬时装周，新系列延续了品牌一贯的设计美学。
© Pascal Le Segretain via Getty Images

策划时装发布会

第1步：尊重设计师的意愿

从一开始就要明确的是，时装发布会是一个展示设计师意愿的活动。对于一年有时要创作超过三个新系列的设计师来说，每场时装发布会的策划都是一项艰巨的任务，既令人激动和振奋，又十分昂贵。设计师想为发布会布置最佳的展示场景，而你需要将他的意愿呈现出来。研究设计师的设计作品和以往的发布会，并寻找设计师偏爱的音乐、装饰和灯光。留意设计师对模特的选择将有助你表现出他的意愿。

第2步：了解时尚史

策划时装发布会的前提是热爱时尚，需要知道业内一些关键人物的名字，如编辑、摄影师、模特和其他设计师。同时，了解流行趋势、面料颜色和板型也同样重要。

时尚产业有一套完整的语言体系，其中一些可能会瞬息万变，尤其是社交媒体出现以后。因此，需要研究时尚史，了解时装中出现的典型工艺、廓型等。

第3步：公关和营销

设计师的公关或营销团队负责寻找合适的人选来策划时装发布会。他们希望你有经验、有热情和富有创造力，希望你懂时尚、爱时尚并且能理解设计师的作品，还希望你善于组织、能很好地管理时间，并保证在预算内完成任务。

第4步：和模特经纪人做朋友

如果你是这个领域的新人，你可能不太有机会为著名设计师策划时装发布会，因为他们已经有多年的合作伙伴。而小型服装公司或新兴设计师的发布会，尽管规模较小，但其对所需设计元素、精力和技能的要求一点不比大型发布会少。策划时装发布会时，你将会需要挑选模特，这就是要和模特经纪人做朋友的原因。因此，时装发布会策划人和模特经纪人之间需要保持紧密联系。

第5步：组织

策划时装发布会是一项让人精神高度紧张的工作，你必须组织好各项工作，需要聘请优秀的人与你并肩作战。你的团队应该由一群工作努力、服从安排、沉着冷静的员工组成。作为策划人，你的工作是组织、协调和分配特定任务给最合适的员工，要求他们经常汇报进度，并确保他们按时高效地完成任务。

同时，作为策划人，你必须让每个人都保持积极和专注，并随时与他们沟通，这样才能齐心协力呈现出设计师的意愿。

时装发布会策划团队

时装发布会的成功策划需要团队的共同努力,一个时装发布会的策划团队通常由以下角色组成。

策划专员:策划专员负责让每个成员知道最新变化、时间安排和排练情况,并需要知道大家的任务进度。

后台经理:后台经理负责确保发布会当天一切按计划进行。这是一份令人兴奋但压力很大的工作,适合那些能够在压力下工作的人。

发型师和化妆师:发型师和化妆师需要与设计师和秀场造型师密切合作,根据新系列整体形象为模特打造妆容和发型。

选角经理:选角经理的核心职责是管理模特,他们要确保所有模特都知道要做什么并参加排练。担任这个职位需要具备良好的人际交往和组织能力。

秀场造型师:秀场造型师负责与设计师协商并设计秀场造型。他们通常从杂志和趋势预测信息等渠道寻找灵感,并常将图片、杂志内页等汇聚成册用以传达灵感(图6–4)。

宣传经理:负责门票事宜和派发邀请函,并负责通过媒体扩大发布会的影响。

策划一场时装发布会需要投入大量的金钱和努力,对于许多设计师来说,还会涉及寻找赞助商。设计师在某种程度上可以依赖志愿者来完成整个活动,因此这里也是可以让学生和实习生发光发热的地方,参与资金筹集和一些发布会的组织工作对他们来说是既具挑战性又很奇妙的经历。

图6–4
纽约时装周后台。
发型师、化妆师和秀场造型师都是时装发布会策划团队的组成人员。
© Ilya S. Savenok via Getty Images

"相聚只是开始,团结才能进步,合作带来成功。"

——亨利·福特(Henry Ford)

时尚媒体

时尚界充斥着大量时尚媒体，包括贸易期刊、杂志、电视和广播等。美国的《女装日报》（*Women's Wear Daily*）和英国的 *Drapers* 等行业期刊专注于时尚产业商业化的一面，如市场动态和行业新闻。在过去的20年里，消费者对设计师时尚的认识不断提高，现在有大量时尚杂志迎合不同领域的时尚消费者，从前卫的独立杂志 *V Magazine* 和 *POP*，到知名的时尚生活类杂志，如 *Vogue* 和时尚芭莎，报道时装发布会成为时尚媒体发布会的主要内容之一。一般来说，举办时装发布会的目的就是向国际媒体和零售商以及时尚买手推广品牌的新服装系列。

时尚记者

时尚记者出现在时尚传媒的各个领域，包括杂志和报纸上的时尚专题、时尚书籍，以及有关时尚的电视报道、线上时尚杂志、网站和博客。时尚记者的工作是多样的，并在这些年里发生了很大的变化，包罗万象，从撰写和编辑文章，到组织拍摄时尚大片。调研和采访是时尚记者主要的工作内容，所以与摄影师、设计师和公关等时尚界人士保持良好的关系至关重要。

时尚记者的职责通常包括以下内容：

- 向广大消费者传递不断变化的时尚信息。
- 评论新系列、设计师和流行趋势。
- 与相关公关公司建立联系。
- 出席媒体开放日活动、贸易展和消费展等。
- 研究时尚媒体。
- 采访设计师。
- 组织和参加时尚大片拍摄。
- 撰写和编辑专题与新闻报道。

记录时尚也是一种创造性的表达。一名优秀的时尚记者可以巧妙地将面料、颜色、风格和图像转化成文字内容。除出色的沟通技巧外，一名合格的时尚记者还应该热爱时尚，热衷于报道时装发布会、明星动态、时尚活动和趋势发展等。

"我认为消费者现在对杂志有更高的期待。网上有太多免费内容，杂志需要给消费者足够的理由来购买它们并感到物有所值。杂志正朝着独特和真实的方向发展。"

——罗伯·诺维尔（Rob Nowill）

时尚记者职业发展

时尚记者可能会全职为报纸或杂志工作，但通常是以自由职业者的身份为传统媒体或线上媒体工作。由于博客和线上杂志越来越流行，成为一名自由时尚记者比以往任何时候都容易。写博客是积累经验和进入时尚新闻领域的一个好方法。

线上媒体

进入21世纪，互联网的快速发展对时尚新闻业产生了巨大的影响，但出版业并没有消亡。传统杂志不得不根据新环境做出调整，并提供线上版本。互联网改变了我们观看和消费时尚的方式，让我们能够即时看到国内外时装发布会的最

图6-5
纽约时装周发布会现场的前排。
美国版 *Vogue* 的创意总监安娜·温特（Anna Wintour）和格雷斯·科丁顿（Grace Coddington）经常出席伦敦时装周，并位于前排。
左图：© Patrick McMullan via Getty Images
右图：© Brazil Photo Press/CON via Getty Images

新图片，几小时内就能读到最新胶囊系列的评论，还能在线观看设计师视频会议（图6-5）。

互联网让设计师能及时了解竞争对手动态，让消费者能知道流行趋势，让习惯了用纸笔做秀场笔记的记者和杂志编辑有了即时资料备份。同时，互联网革命为时尚从业人士提供了多种职业选择和发展方向。

动态影像

过去有人说，"想在时尚界获得发展，就要学习法语"，然而今天情况发生了变化。有人认为，现在要想走在时尚前沿，就应该学习拍视频或电影。时尚动态影像已经在时尚传播领域占有一席之地。时尚传播从业者要能使用多种语言和通过一系列不同的平台与媒体传播信息，而动态影像被正式标记为媒体制作的新模式。

时尚动态影像是时尚产业中一个非常令人兴奋和充满活力的领域。网络和直播的发展已经让时尚更为普及，时尚动态影像会有更大的发挥空间。

可以说，动态影像是时尚传播的未来，填补了纸媒和电影这两种传统媒体之间的差距。这种新兴方式已经开始改变设计师和营销人员交流和推广时尚的模式。电子设备如今充斥着人们的生活，而且大多数消费者都有自己的手机，这让动态影像传播更可行，让时尚传播进入一个新局面。

2000年，尼克·奈特（Nick Knight）在网络热潮的鼎盛时期建立了自己的网站SHOWStudio，目的是用时尚动态影像打造一个在线家园。在过去的几年里，我们看到了网络视频消费的增长。据思科（Cisco）预测，到2020年，视频将占据互联网流量的82%。然而，分配约束和预算限制等因素成为时尚动态影像发展的阻碍。但对于有理想的时尚传播和营销人员来说，一定要相信时尚动态影像的潜力。经典的时尚动态影像有斯派克·琼斯（Spike Jonze）为高田贤三创作的"The New Fragrance"MV，史蒂文·克莱恩（Steven Klein）为巴尔曼（Balmain）创作的"Wolves"MV，以及格伦·卢琦福德（Glen Luchford）为古驰2016秋冬系列创作的影像作品。时尚传播和营销人员应该借鉴这些优秀作品，勇于打破常规。

时尚编辑

时尚编辑的工作较为繁重，每一次拍摄都需要精心策划。通常，拍摄会在杂志出版前的两个月进行。例如，3月刊的照片需要在1月进行筹备。时尚编辑通常会提供对拍摄任务的简要构想，并给摄影师很多发挥的空间。

进入这个行业最好的方式之一是在时尚杂志社实习，但实习通常是无薪的，而且这份工作的内容可能很乏味单一，如负责熨衣服或者在拍摄结束后清理影棚等。尽管如此，大多数时尚编辑都是从底层做起，一步步成功的。安娜·温特是美国版 *Vogue* 的主编，也是时尚界最有影响力的人物之一，她便是从编辑助理开始其职业生涯的。

摄影师

摄影师的影响力和表现技巧是照片拍摄成功的关键，优秀的摄影师知道如何让模特感到放松以及如何引导她们拍摄。当接到任务时，摄影师应该能够用自己的创造力和技巧在一张照片中表现出客户想要表达的理念。

摄影师不一定要有时尚摄影的学位，所需的技能也可以通过做摄影师助手或学徒来培养。这是一个竞争激烈的行业，一定要有能够展现自己技术和创造力的作品集。

造型师

创造视觉形象并根据拍摄需求规划创造性的形象方案是时尚造型师工作的重要内容。他们需要挑选和搭配出符合客户预期的服饰，打造出符合客户预期的形象，与摄影师、艺术总监、设计师、灯光师和布景师一起协作进行，并根据拍摄概要用创意去呈现和传递理念。

造型师会与客户、制片人和摄影师会面，在一起讨论和确定需要什么颜色、什么面料或什么服装来打造理想的形象。他们可能会用情绪板拟出想法并配以示例服装，以确保每个参与成员都理解并认可。

同前文中一直强调的一样，造型师的工作同样需要吃苦耐劳的精神、坚定的决心和对时尚的热爱。造型师经常要联系公关公司、制造商和零售商，寻找最适合用于拍摄的服饰。工作时间通常很长，要一直持续到照片或影片拍摄结束。

时尚造型师通常是一项自由职业，从业人员通过口口相传的口碑和合作过的项目获得新工作机会。为了向潜在雇主展示自己的能力，造型师必须有能体现其创造力和编辑能力的作品集。通常而言，汇集一本综合性的作品集可能需要一两年的时间。除具有创造性的眼光和潮流敏锐度外，造型师还应具有出色的组织和时间管理能力。如果你考虑成为一名时尚造型师，那么在学习期间就要尽可能地积累人脉资源，因为你可能需要拜托他们帮你找到工作。许多时尚造型师都有服装设计的专业背景，这有助于他们用二维的图像来表现三维的服装。进入时尚造型界的另一条理想道路是从做造型师或摄影师的助手开始，这既能让你了解拍摄现场的方方面面，也能为你带来独立工作的机会。

时尚策展、线上展览和贸易展览会

时尚产品通过时装发布会、国际贸易展览会和线上展览的形式呈现在客户面前。知名的贸易展览会有Pitti Filati国际纱线展、法国巴黎服装面料展览会Première Vision、Bread & Butter潮流趋势展和法国巴黎时尚成衣展PRêtà Porter Paris。像呈现艺术一样展示时尚产品的趋势正在蔓延，零售展览会、博物馆和画廊纷纷开始举办服装展。除了传统的展览方式，线上展览的方式也正在不断发展，为时尚传播创造了一个新的工具。于是，时尚传播行业又多了一个新的职位：时尚策展人。

时尚策展

"策展"一词源于博物馆和画廊，用来描述这些机构如何展示收集的研究对象。策展人可以是专注一个特定领域的，也可以是横跨多个领域的专业人员，时尚就是其中一个特定的领域。时尚策展既可以是对具体服饰的呈现，也可以包罗万象，如精心打造的时装发布会和各种主题展览，或时尚摄影、时尚电影、物品、配饰，以及各种与时尚相关的文化资料展示。

世界各地的时装设计作品展越来越多，而且规模越来越大。大型展览也并不罕见，如2015年在伦敦维多利亚和阿尔伯特博物馆（Victoria & Albert Museum）举办的"野蛮之美——亚历山大·麦昆"（'Savage Beauty – Alexander McQueen'）展览打破了该博物馆参观人数的纪录。纽约大都会艺术博物馆（Metropolitan Museum of Art）的"镜中的中国"（'China Through the Looking Glass'）是有史以来"第五大最受欢迎的展览"。

时尚策展领域正在成为当代社会和国际时尚图景的重要组成部分，吸引着数量庞大的观众，这些展览在商场、画廊等地方出现的频率也越来越高。设计师们展览自己的杰作，零售店展览新品，还有越来越天马行空的橱窗陈列……时尚策展正在成为一门潜力巨大的学问，兼具经济效益和教育意义。

时尚策展人

展览设计的转变和新兴的发展趋势，特别是在博物馆和公共画廊空间展出的当代时尚作品，意味着作为重要文化媒介的策展人在这个过程中地位日益提高。

无论是设计师个人展、零售店的商品展、个人藏品展，还是展示服装与文化、历史关系的展览，策展人策划展览前都要做大量的调研工作，因为他们要给展出的作品赋予意义。

线上展览

线上展览也是一个正在日益壮大的领域。在如今，企业要主动通过多种媒体渠道与消费者互动，时尚策展人应该抓住互联网和线上传播的宝贵机会。已经有博物馆在举办线上展览并展现出这种方式与观众互动的优势：太珍贵而无法在博物馆中展出的藏品现在可以通过线上展览与观众见面，还可以利用显微摄影将很多一般条件下无法看到的细节放大，让观众看清楚。

其他优势还有能够表现与服装相关的品牌故事，并允许观众看到博物馆的幕后工作及藏品维护等。线上展览也为观众提供了展览机会，他们可以在线展示自己的故事、收藏和图库。

贸易展览会

除了时装周，时尚产业的运转主要是围绕贸易展览会展开的。顾名思义，贸易展览会不对公众开放，而是将设计师和零售商连接到一起。重大的贸易展览会每年都在相近的时间举行，并会在业内媒体上刊登广告。

在贸易展览会上预订展位可能会很贵，因此参展商需要在规划阶段就知道是不是值得参加。参展商需要仔细研究展会并查看官方的参会名单，以确保展会适合他们的产品和市场。

贸易展览会的重要性

服装贸易展览会是服装行业的重要组成部分，买家和供应商会蜂拥而至，寻找新的商机。随着流行趋势变化的加快，企业都关注着米兰、巴黎和纽约等时尚之都的贸易展览会来研究最新趋势。供应商参加展会是为了达成新交易和寻找新客户，也有很多是为了来了解竞争对手的情况。买手来贸易展览会则寻找让人眼前一亮的最新设计和建立新合作的机会。

参加贸易展览会被看作是一种具有成本效益的商业方式，因为这么多业内人士同时参加，在贸易展览会上安排会面比去不同地方出差会面要更加方便。

贸易展览会上基本不会有项目的成交。参展商的目的是与潜在客户建立联系并在日后跟进，需要做的是收集客户的名片和联系方式，以便在展会结束后与他们联系。参展商的行动必须快，因为买手在展会上会看到很多新设计，如果联系没有迅速建立起来，买手们很容易就忘记自己的展览了。

贸易展览会展位

布置好一个贸易展位可能既耗时又昂贵，但它可以带来的好处是值得投入这些时间、金钱和精力的。

对于大多数参展商来说，展位的重点应该是商品的陈列或展出。展位陈列成功的关键是设计感强和视觉营销技术使用得当。大多数展位会备有画册、产品目录以及宣传册，以便买家自行取阅。

展位要能营造合适的氛围并传递强烈的品牌信息，如设计横幅广告和摆放品牌标识。这样一来，买家就会对这个展位印象深刻（图6-6）。

参展商还可以用创新的宣传方式吸引买家关注展位，如通过用大屏幕播放时尚影片来吸引注意力。但要注意，买家不喜欢噱头，因为他们要在有限的时间内找到供应商，而时间就是金钱。

图6-6
2011年在德国柏林举办的Bread & Butter潮流趋势展。
贸易展览会展位的布置既要看起来专业，又要能吸引注意力。
© Sean Gallup via Getty Images

案例研究：纽约时装周的未来

时装周正在发生的变化引发了时尚界的众多讨论。2016年3月，美国时装设计师协会（the Council for Fashion Designers America，CFDA）发布了一份报告，试图展望纽约时装周的未来。协会与50多名设计师、时尚编辑、时尚达人、行业利益相关者和时尚企业的高管一起，讨论当前的时尚产业、产品季节性，以及这两者的关系和对未来的愿景。在过去的十几年里，时尚产业经历了许多变化：科技的进步让曾经仅限于业内人士观看的时装发布会通过直播被全球观众观看；品牌的新系列在产品上架的几个月前就开始大肆宣传；许多设计师和品牌，如汤姆·福特、博柏利以及帕科（Paco Rabanne），开始尝试直接面向消费者销售（Direct-to-Consumer）的模式（图6-7）；快时尚品牌由于交付周期短于奢侈品的交付周期，所以能够模仿奢侈品的设计并比原创设计提前很久就上架销售，让消费者用较低的价格买到时尚的设计；原创设计师因为受到快时尚的冲

图6-7
博柏利等品牌开始尝试直接面向消费者销售的模式。
© Bloomberg via Getty Images

击正在寻找展示作品的新方法。

这份CFDA的报告表明，对于时尚产业内正在发生的变化，并没有一种万全的解决方案，产业内部正面临着许多挑战。"即时性"是被认定的几个影响因素之一：由于消费者希望更快地买到新款式，而零售商还在销售当季服装，于是影响了服装的正价销售。同时，科技的发展使消费者可以在销售季开始前很久就看到新系列的样貌，导致他们审美疲劳和新系列刚上架就过时，也影响了服装的正价销售。最后，这让生产周期混乱而复杂，让设计师和零售商疲于应对，从而影响了工艺和创意。

新方法

除上面提到的变化之外，许多设计师正在尝试用新方法来面对"过时的时尚产业"。"预约展示"是迈克高仕正在考虑的一种新方法，迈克高仕是一个成立于1981年的著名高端时尚品牌，专注于20~35岁女性消费者市场。尽管在时尚界叱咤风云，品牌在20世纪90年代也经历过申请破产的低潮，并进行了自我重塑。品牌低价的KORS系列就是在这个时候推出的，并让公司在困难中得以继续发展。今天，KORS系列仍然存在，并成为品牌的门面。

高仕通过《女装日报》讨论了席卷国际时尚界的"直接面向消费者"的服装发布趋势，这位设计师在仅向买手展示了完整的2017度假系列后，只通过新闻报道发布了5张新系列的图片，并将社交媒体展示的方式排除在外，其余款式直到10月在门店和网上发售时才发布出来。该系列的造型手册也是因为出版行业需要提前很久收到计划出版的内容资料才拿给时尚编辑。正如高仕所说，"这样做的价值在于创造一种时尚的即时感……"。

在接受该杂志采访时，高仕表示度假系列等产品线不同于时装周令人瞩目的春夏和秋冬系列，通过只发布这种小型系列的几张图片，既能够满足服装未上市给消费者带来的好奇心，也可促使消费者在服装上市后来一探究竟。总的来说，在一个追求即时满足的世界，迈克高仕的做法是在新系列快上市的时候才把它们展示出来。

"我认为没有唯一的正确答案，每个品牌都必须找到适合自己的做法。"

——迈克高仕

本章小结

在本章中，我们了解到时尚零售商和设计师每年都根据一个有数十年传统的时尚日历来安排每一季的销售、交付和发货日期等。但是，变化正在发生，时装发布会的未来也引起了广泛讨论。人们认识到，随着数字化和技术的发展以及新品牌数量的增加，消费者被各种趋势和新系列的信息包围。这既让消费者眼花缭乱和应接不暇，也让品牌因为不能提供消费者已经提前看到的未来时尚而不能实现当季服装的销售额。同时，这也让生产周期混乱而复杂，让设计师和零售商疲于应对，从而影响了工艺和创意。很多品牌开始尝试能直接面向消费者的运作模式。

由于时尚产业由许多不同类型的参与者组成，如零售商、设计师、营销人员和视觉营销人员等，这个复杂产业的顺利运行依赖于每个服装季的详细规划。时装发布会仍是品牌和设计师向公众和业内人士展示新系列的主要方式，同时也是赢得新合作伙伴的良机和与消费者互动的重要方式。时装发布会的筹备和成功需要很多人的团结协作和努力。

时尚编辑和时尚记者负责将时装发布会台前幕后的信息传递给消费者。随着各种迎合不同口味的时尚杂志的涌现，从前卫的独立杂志*V Magazine*和*POP*，到*Vogue*和《时尚芭莎》等知名的时尚生活类杂志，消费者对设计师时尚的认知在过去二十多年中不断提高。很明显，我们正处于变化当中，许多新事物正在发展。各个领域的时尚专业人士应该用开放的态度和灵活的方式来应对行业内不断变化的需求。

案例研究与章节回顾

问题1：概述本章探讨过的时装周发生变化的原因。

问题2：为什么设计师在重新思考他们展示新系列的方式？

问题3：科技如何改变了展示新系列的方式？

问题4：迈克高仕2017度假系列仅对外发布了5张图片，品牌这么做的原因是什么？

自测表

1. 谁创办了第一个时装发布会？是哪一年在哪里举办的？
2. 什么是时尚日历？为什么它对时尚产业的运转很重要？
3. 时装发布会的形式正在不断发展和变化。请解释什么是"即看即买"模式。
4. 时装发布会策划团队中需要哪些关键角色？
5. 媒体对时尚产业的运转和发展起着关键作用。请阐述时尚记者可能采用的报道形式以及其工作可能包括哪些内容。
6. 动态影像是一种全新的展示方法。请描述这种方法如何被用于传播服装系列。
7. 请介绍时尚拍摄团队中的不同角色。
8. 什么是时尚策展？
9. 为什么在贸易展览会上展出作品很重要？贸易展览会上会发生些什么？
10. 为什么奢侈品品牌和高街时尚品牌的时尚日历是不同的？

练习

策划一次时尚拍摄

时尚杂志行业通过聘请摄影师和拍摄团队来完成时尚创意拍摄。但是，作为一名学生，你也可能需要为自己的造型手册、作品集或博客文章拍摄。以下练习步骤将帮助你策划和完成一次时尚拍摄。

第1步：初步的想法或概念

你需要知道你想要表达什么：你想要塑造怎样的外观、打造什么风格和传递什么心情？你对服装、发型和化妆有什么想法？这些良好的规划有助于取得最好的效果。在这个阶段，想法可以是模糊的，如可能只是构思出20世纪70年代的朦胧、华丽或颓废风格。重要的是你要有一个想法或概念来开始。

第2步：故事板

此时你可能想使用Pinterest等工具来收集图像。注册一个账号，然后你就可以收集那些反射出你内心想法的图像了，或者你可以浏览一些网站或线上杂志来寻找灵感，收集的图像越多，获得的灵感就越多，并且能够更清晰地知道你想要表达什么。这不仅是为了让你自己更清楚要做什么，也是为了将你的想法传达给团队，让他们理解和支持你。

第3步：找到你的团队

这可能是最难的一步，特别是如果你是名学生。你的拍摄团队应该有以下成员：

1. 一位化妆师。
2. 一位发型师。
3. 一位造型师。

那么在哪里能找到这些人呢？作为学生，你可以联系所在学院或大学的其他同学。多数大学都会开设其他创意课程，你可以从那里找同学来合作拍摄你的时尚故事，你还可以通过向导师发送电子邮件将拍摄信息传播出去。大多数课程的老师都有社交账号，你可以请教授或导师添加你的账号信息并以这种方式建立联系，然后发布所有人可见的"选角信息"并等待回复。如果这些课程不是针对服装、化妆或美容的，你所在的地区通常有专门学习美发和化妆的学校。联系这些学校可能会对你有所帮助，因为他们也会为学生寻找潜在的工作机会。在寻找团队时，请记住要附上你的故事板的链接，因为你需要用你的故事去吸引潜在的团队成员并让他们和你一样投入这次拍摄。

第4步：寻找模特

找同学做模特对学生来说是一种节省成本的选择，但这些同学有时可能不专业。因此，最好是找一个同样要拍摄的同学一起通过模特经纪公司找模特并分摊费用。模特经纪公司很可能给你安排刚出道的模特，既照顾了你有限的预算，又可以让模特积累经验和丰富自己的影集。专业模特是你最理想的选择，因为她们一定会按时出现在拍摄地点并且知道要做什么。你最好先和朋友拍一些样片，让模特公司了解你对于拍摄的想法（图6-8）。

第5步：确定拍摄地点

你已经有了一个团队，现在该思考要去哪里拍摄了。好的拍摄地点可以讲述故事，展现最佳的光线，并让你和你的相机发挥到极致。如果是室内，可以考虑朋友家或当地你喜爱的建筑。重要的是，选择的地点一定要看上去有吸引人的地方，如当地的市政厅或公共图书馆等。有时婚礼场地和乡间别墅允许免费拍摄。在户外拍摄时，天气是一个很大的不确定因素。因此要仔细考虑这一点，做好安排。

第6步：安排拍摄日期

你需要将拍摄安排在一个每个团队成员都方便的时间进行。而且要记住，做发型和化妆通常要花几小时进行，是拍摄过程中最耗时的工作。

第7步：最终拍摄

在拍摄地点，每个团队成员都和你在一起。记得把你的情绪板放在一个醒目的位置，时刻提醒每个团队成员当天的拍摄主题，包括你自己。此外，需要花时间向每个团队成员传达你的想法和意愿，以便大家尽一切可能去实现它。

如果你要拍摄时尚创意摄影作品，那牢记你的目标是时尚杂志风格，不要包含太多风景图像。要以拍人像的方式为主，将拍摄重点放在衣服上。让发型师、化妆师和造型师时刻关注在摆造型的模特。如果裙子的下摆翘起来或一束头发散乱了，要快速给模特整理这些细节。请记住，要与团队随时沟通，力图获得最佳效果。

图6-8
你需要和模特经纪公司保持紧密联系，以便能找到你需要的模特。
© Uriel Sinai via Getty Images

查蒙·黛安·威廉姆斯（Charmone Diane Williams）专访

一位来自纽约的自由制作助理和时尚造型师

问：你是时尚管理专业的毕业生，请和我们分享一下你毕业后是如何开始工作的。

答：大四那年，我一直在思考毕业后的工作计划。我写下了时尚领域中我喜欢做的所有事情，并将我的技能归纳为三类：营销、时装发布会策划和造型。我很快意识到我想搬到纽约，所以我专程去了一次纽约。在那里，我拜访了行业领导者，参加了无数个面试，并与一些人建立了联系。我主动去寻找工作机会，并给有过接触的人寄感谢卡。终于，我获得了一个自由职业者的职位，是在纽约时装周担任汤丽柏琦（Tory Burch）、维多利亚·贝克汉姆（Victoria Beckham）、汤米·希尔费格和汤姆·布朗（Thom Browne）这几个品牌2017春夏系列时装发布会的制作助理。从那以后，我开始以自由职业者的身份为不同的品牌工作，并在业内建立了很多联系。

问：你的工作涉及时尚管理的三个主要领域：活动策划、营销和发布会制作。你能就每个方面的工作展开说一说吗？还有你最喜欢的工作领域是什么？

答：对我来说，营销工作包括社交媒体管理、新闻发布以及样品调配，用富有创意的方式吸引更多消费者并建立他们与品牌的联系。在时装发布会举办期间，我基本上承担处理发布会前期和后期的制作工作，比如寻找举办场地并最终签订下来、挑选模特、确定发布会当天的工作人员、灯光、音乐、座位安排和服装协调。造型师的工作是为客户或杂志设计形象。我最喜欢这三个领域中的哪一个取决于具体项目，喜好随项目变化。但我最喜欢发布会制作，因为它让我有机会从头到尾参与很多不同的事情。我很享受一个发布会从概念到执行，再到向大众揭开面纱的过程。

问：你是 Circus 杂志 "Photo-shoot" 栏目的时尚造型师，你能带我们看一看你需要做的工作吗？

答：造型设计是我最喜欢的创造性工作，对我来说是件很自然的事情。我有一位同事创办了自己的杂志，她想拍一组令人眼前一亮的时尚创意摄影作品，让我负责造型设计。我找到了拍摄主题，并与合作的摄影师和化妆师探讨我们需要的形象，买到了需要的6套服装并亲手熨烫平整，最后设计了造型。作为造型师，我一直在寻找新的方式来表达我的创意。我总是下载图像存到手机上，看到可能作为拍摄地点的地方就随手拍下来……当我要为一次拍摄开发新概念和设计造型时，我的思绪非常自由而发散。

问：2016年9月，你搬到了纽约市并在纽约时装周期间担任发布会制作助理。你能谈一谈当时这份工作的主要内容吗？

答：作为纽约时装周的制作助理，我每季会协助几场发布会的前期和后期制作。工作内容取决于合作的公司，但我通常在时装周开始前几个星期就开始工作。我帮助发布会挑选模特、协调服装、编辑模特形象卡，并在设计师和执行制作人不在现场时充当他们之间的联络人。发布会当天，我和团队至少提前四五个小时到达现场，以确保舞台搭建妥当、服装安全抵达、发型和化妆按时完成，以及每个模特准备妥当。

问：你认为如今的时装发布会策划人应该具备的三个关键特质是什么？

答：作为时装发布会策划人，你必须非常有组织能力，对一个成功的发布会所需的所有要素都尽在掌握。其次，"可靠"很重要，因为你要和很多人一起工作，因此你应该随时待命并掌握最新动态。市场上有无数的制作公司和制作人，所以你必须注意客户的时间，在被需要时无论如何都要出现。最重要的是，你必须具有战略性思维，因为总是有各种各样的问题出现，制作人必须思维敏捷，能找出另一种继续进行的方式。

问：最近几个月来，业内有很多关于时尚产业和时尚产业正在发生的变化的讨论。你对时装发布会的未来有什么看法？

答：时装发布会与我们今天看到和欣赏的传世建筑一样重要。尽管事情可能会变化，某些趋势可能会出现，如允许消费者立即购买秀场新款的"即看即买"模式，但时装秀不仅是揭开新系列的面纱，而且是设计师和特定观众的一种自我表达的方式。发布会让设计师能表达他们设计背后的灵感，让他们能把创造力发挥到极致，而不是担心销量和是否受消费者的喜爱。这就是为什么这么多设计师将"市场款"与发布会上展示的服装区分开，因为秀场是让创造力和艺术性真正闪耀的地方。

问：如果你现在可以对时装发布会做一些改变，你会怎么做？

答：我会改变社交媒体的即时满足感。我很喜欢可以直播时装发布会和在手机上观看发布会的方式。然而，必须在保持发布会的真正艺术性与热衷于成为Instagram上直播最多的品牌发布会之间取得平衡。

问：你认为你的教育背景对你在时尚产业的职业发展很重要。那么你对未来的时尚管理专业毕业生有什么建议吗？

答：我的建议是花时间在大学里了解自己喜欢什么和不喜欢什么，尝试时尚产业不同领域的工作，并诚实地向自己说明你想做什么。尽可能多地实习，与你的教授和同学建立联系，因为他们是你在这个行业工作时可能会向你提供帮助的人。永远不要停止学习和停止完善你的技能，阅读文章并随时了解最新动态。保持专注，激励自己获得成功。

"机会不会浪费在那些毫无准备的人身上，请始终站在行业的最前沿。"

——查蒙·黛安·威廉姆斯，2016

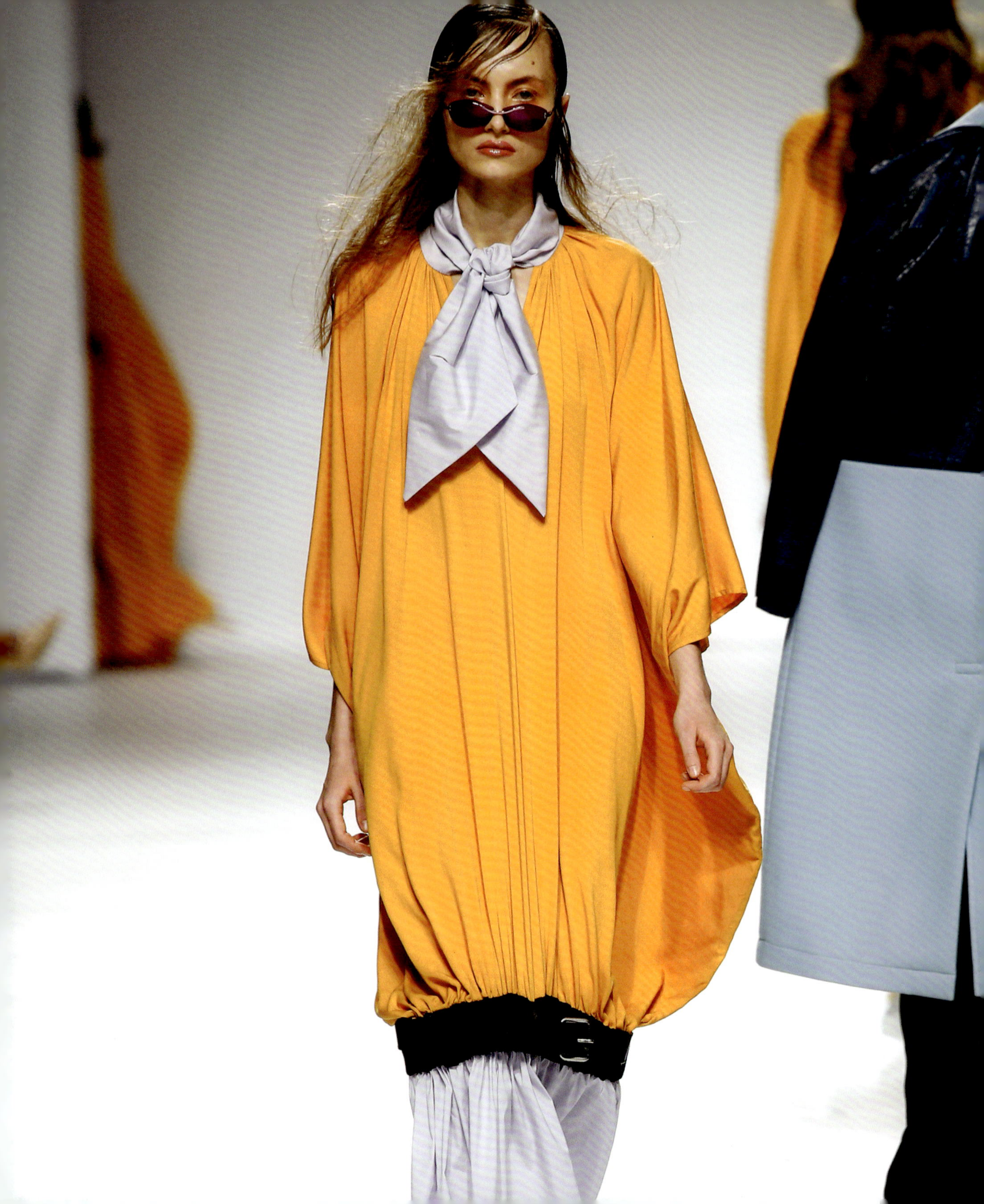

第7章

时尚创业与管理

　　创办时尚企业从宏观角度来说能够刺激经济发展，提高行业活力，所以本书最后一章将讲述如何创办时尚企业以及创办小微时尚企业所需的管理和商业技能。时尚创业是关于开发新的时尚概念并将其商业化的过程，本章中将为此提供分步指南。此外，本章还将介绍一些21世纪全球时尚产业提供的新机遇和商业模式。

　　本章内容将覆盖创业实践、新兴商业模式、创意时尚企业的规划和管理等方面，还将探讨知识产权、版权和外观设计专利的管理，以及如何通过众筹为初创企业筹集资金。

　　本章学习要点：

- 培养对创业实践的认识。
- 检测你希望商业化的设计概念和想法。
- 了解全球时尚产业正在发生的变化，以及小型时尚企业和新兴商业模式是如何出现的。
- 了解如何规划和管理小型时尚企业。
- 认识保护你的设计想法的价值和重要性。
- 通过众筹来筹集资金。

左侧图
Dino Alves2018春夏时装系列。
时尚产业不仅是名贵礼服的生产，还是一桩为世界经济贡献数十亿美元的严肃生意。
© Estrop/Contributor via Getty Images

创业实践

时尚创业者是指那些主要经营与时尚有关的业务的生意人，有很多服装设计师创业的例子，他们根据创业原则来组织、创建和管理与时尚相关的企业。

前沿实务

在当今时尚界，时尚创业者们除具备经营创意企业所需的小型企业管理技能外，还要专注于创意、创新、商业规划、资金筹备、产品销售和市场营销等核心商务实践领域。同时，时尚创业者们也可以专注于零售、制造和营销领域的咨询和战略服务。

在21世纪，我们看到了非常多的活动和奖项在支持、激励和推进那些富有进取心、创造力、创新性并乐于回馈社会的互联网企业。本章将讲述如何建立小型时尚企业及小型时尚企业对整个行业的贡献，说明为什么小型时尚企业及其管理者在时尚产业占有一席之地。

创办时尚企业

创办任何一家企业都需要顽强的毅力、坚忍的耐力和投入的态度。创办一家时尚企业，即使很小也极具挑战性，因为这是一个非常复杂而且竞争激烈的行业。时尚企业的领导者很快会发现自己的客户和供应商分布在世界各地，需要进行大量的协调和组织工作，将来自不同地区的面料和装饰品先运送给特定地区的制造商进行生产，再将成品服装运送到不同地区的市场进行销售。即使是那些善于规划和解决问题的设计师也会觉得这是一项很大的挑战。

许多年轻的设计师被时尚产业展现的魅力和乐趣所吸引，纷纷开始创业。但即使你是一位极其有才华的设计师，如果想成功经营一个时尚品牌，你还需要了解这个行业商业化的一面。甚至有人说，创建一家时尚企业需要90%的商业头脑和10%的设计能力。创办时尚企业时，你需要参与从制造到营销和公关各个方面的工作，特别是筹备资金。要想取得成功，设计师必须努力工作，并富有创造力和拥有发自心底的热情。如果你了解创办时尚企业的流程、所需要的技能，以及可能遇到的陷阱，你就可以更快、更轻松地在这个行业站稳脚跟（图7-1）。

创业者

创业者可以被定义为发现新机会或者有新想法并将其发展成事业或项目的人。因此，时尚创业者可以被定义为创办新的时尚企业或创建新的时尚品牌的人。创业者被公认为是推动社会创新的动力，在时尚和纺织领域也不例外。

第 7 章 时尚创业与管理 159

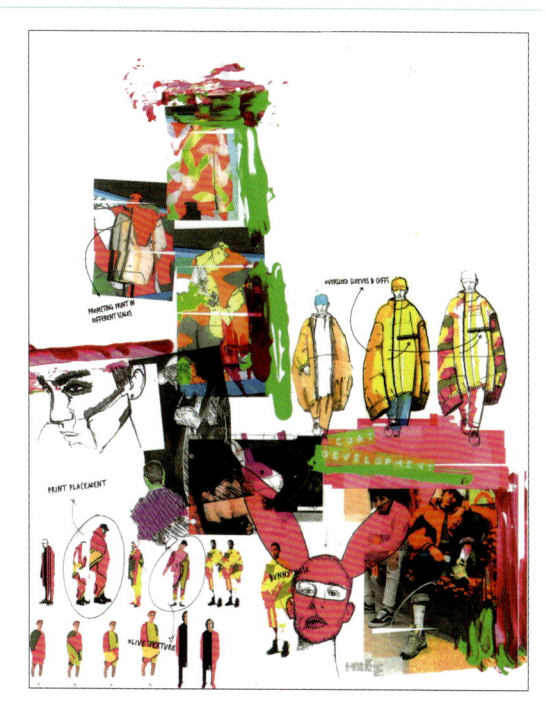

图7-1
设计板。
如果你打算创建一个时尚品牌，了解时尚产业商业化的一面是必不可少的。

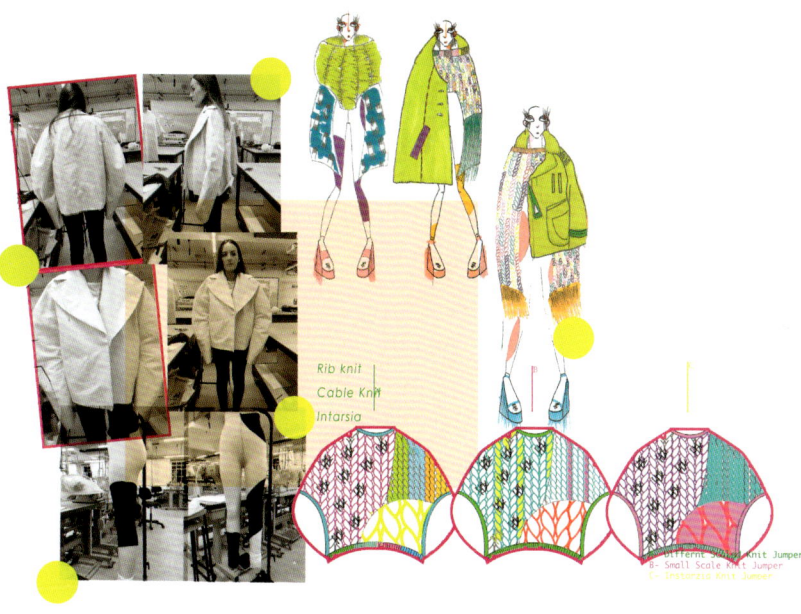

理念开发与商业化

小型企业被认为是创新的领导者，特别是在产品和流程的重新设计以及新方法的开发上面。开发出新概念并能将其商业化是新兴企业在竞争中脱颖而出的根本原因。在时尚产业，创办小型企业的往往是有远见卓识的经理人、设计师或产品专家。小型企业可以更灵活地用新概念满足需求不断变化的时尚消费者，这对刚起步的企业能在风起云涌和变化多端的市场上取得成功至关重要。

如本书第2章所述，产品开发可以被定义为设计、创造、生产、推广和销售时尚产品或服务。就产品开发来说，小型企业和大型企业没有区别，都旨在满足客户的需求、提供新鲜的体验、推动销售、增加客户数量或扩大市场份额，以及提高公司利润。

在较大型的企业中，不同的业务或管理领域将由特定的时尚经理单独负责，而在小型企业中，这些业务可能全部是一个人负责，最多是几个人。时尚产业的发展在很大程度上取决于小型时尚企业及其开发新产品、新概念和商业化的过程。小型企业是时尚产业运转的重要命脉，因为时尚消费者的需求是不断变化的。

要想成功地创办一家小型时尚企业，了解客户需求是创业战略的第一步。在没有真正确定消费者需要或想要什么的情况下创办企业的做法是不明智的。下面将逐步介绍在创办时尚企业和制定商业规划之前需要考虑的事项。

商业化理念开发的步骤

1. 生成产品或服务的想法

时尚产业对新产品开发的需求可能来自多个方面，包括但不限于以下几个原因：

- 对市场需求或空白市场的认识。
- 消费者对新的或改良的时尚产品的需求。
- 产品创新驱动。
- 竞争者引入市场的新产品。
- 科技发展。
- 流行趋势和季节性的要求和变化。

生成新的产品概念的方法各不相同，可以是正式的也可以是非正式的，但通常应包括头脑风暴、焦点小组讨论和自己的市场调研等方式。你需要对所选的市场和客户群进行调研。尽管资金可能有限，你仍然可以通过线上或线下的采访和问卷调查来调研你的客户群。调研是你定位市场、客户和产品的关键。了解他们想要什么之后，你就可以开始为新产品、新品类、新系列和新服务寻找新理念了。

2. 概念筛选

根据以下标准对第一个步骤中产生的概念做出筛选和排除。

概念和想法的可行性

确保自己对目标市场有一个清晰的认识，明白这个市场是否可行：你的产品或服务是否有需求？谁会购买你的产品或服务？有多少人会买？你的产品会对潜在客户有吸引力吗？你要怎样卖给他们？你的产品或服务是否可以填补某个市场空白？与竞争对手相比，你的产品有何不同？进入这个市场有什么阻碍吗？

设计和开发所需的时间

需要预估开发产品所需的时间。回顾一下过去所做的项目用了多少时间，并在此基础上根据新项目的规模初步判断新项目所需的时间。积累的经验越多，判断就会越好、越准确。

预估产品生产成本

与上面的做法类似，你需要回顾之前做过的工作，计算出无论如何都需要支付的材料、时间和管理成本，粗略估算出能保证企业运行的生产和销售数量。

预估投资回报

你需要考虑产品生产或服务的成本。在营销中，需要根据所销售的产品或服务的毛利润来计算投资回报率（ROI），而不是根据总收入计算，产品生产成本要从总收入中减去。

消费者的利益

你需要确定你的产品对客户的主要益处，这种益处是指能真正满足消费者特定需求的解决方案。将你的产品视为一种解决方案，并明白它能解决哪些问题。

竞争对手分析

分析竞争情况的第一步是做基础调研。通过查找和记录有关竞争对手的一些公开信息，了解竞争对手是谁，访问他们的网站和社交媒体主页，包括查阅他们的宣传册和广告等营销资料。你需要将你和竞争对手的品牌与产品做比较，并找出自己和竞争对手各自的独特卖点。

竞争对手的市场份额

你需要通过竞争对手在市场总收入中占的百分比了解竞争对手所占的市场份额。计算方式是选取一个财务周期，比如一年，然后用这个周期内竞争对手的销售额除以同期市场总销售额。这可用于了解你的竞争对手在行业中的地位。

确定目标零售商

调研你的目标零售商，了解他们销售的品牌以及平均零售价格，同时要注意明确他们的产品类型并思考你的产品是否在他们销售范围之内。必要时，你需要亲自到访重点零售商的店铺并做好功课，同时你可以尽量用渊博的学识、丰富的信息和有见地的问题给零售商留下良好印象。

定价

定价将是你最重要的商业决策之一。产品或服务的价格既不能太高也不能太低，因为这一定程度上都会限制业务的增长。影响定价的因素很多，成本是重要因素之一，价格应该定在能让你盈利的水平，竞争对手的定价也是重要参考。

上市时间

你需要计算出产品从想法成立到成品上市销售所需的时间是多少，这点在时尚界尤为关键，因为时尚产品很快就会过时。

人才和技术需求

最后，你需要确定需要哪些人才和哪些技术来使企业运转。这个过程在新产品和新业务的发展阶段至关重要，因为只有通过这个阶段的产品和想法才能够投入生产并进入市场和销售给客户。通过这个过程，你可以确定哪些商业理念将成为你产品开发和服务的基础。

3. 概念测试

在可能的情况下，通过潜在客户测试你的概念是很重要的。你必须了解消费者对你的商业理念、产品、系列和服务的反应。如有必要，这将为进一步改进产品和服务提供参考。寻找这一小部分目标客户对一个新晋管理者来说可能比较难，但如果条件允许，这种测试应该作为全流程的关键部分。首先，最好的方法是考虑你的个人关系网，你也可以通过社交媒体上有联系的人把关系网范围扩大，但可能需要支付一定的报酬或赠送一些小礼品。其次，你认识的人可以作为另一种选择，但是你可能需要提供某种费用或奖励。在这一步中，你需要了解消费者如何看待你的想法，以及竞争对手给他们留有什么印象。概念测试还能反映出消费者对价格的态度，同时还能让设计细节和任何法律技术细节也受到关注，如品牌权或设计权。作为服装企业，概念测试的形式可以是时装发布会，或者是专门为买手、零售商以及媒体举行的私人展示。

一定要认识到，除开发产品、举办时装发布会和媒体活动之外，创办时尚企业还包括设定目标、撰写商业规划和用大量的时间来营销、推广和销售你的产品。只有将时尚热情与实用商业技能相结合，才能取得成功。

如果没有管理企业所需的管理工具和领导能力，你可能只会拥有短暂的成功。对小型企业来说，管理工具包括财务、营销、业务发展模式和战略规划。

从设计学院毕业后创办自己的企业，是一项艰巨的工作，但业务开发可以和服装理念开发一样具有创造性。你可以创造性地思考、处理和解决问题，找到令人惊喜的、创新的解决方式。重要的是创造性地思考你的业务，用开发设计理念的方式评估和分析商业理念，充分利用现有的机会，并掌握打造成功商业模式的技能。

> **企业**
>
> 企业是为商业经营创建的组织，一个成长中的企业必须有一个大胆的领导者。

21世纪全球时尚产业的市场机遇

如今，互联网改变了人们经营业务的方式，为时尚创业者提供了很多机会，让小型时尚企业能够在大品牌林立的时尚界占有一席之地。对于大多数人来说，一提到时尚创业，就自然地联想到设计或零售行业。其实，时尚创业者有很多类型的职业可以选择。下面是一些只需要一个人或几个人就可以发展的、有潜力的时尚行业职位。

1. **成为时尚博主**。如果你对潮流有敏锐的洞察力，对时尚充满热情，这是一项不用花钱就可以创立并能让你营利的事业，只要你投入时间和精力来经常更新帖子。
2. **创办时尚杂志**。传统的杂志创办需要大量资金投入，但你可以考虑创办线上杂志，并上传内容到ISSUU或Wordpress官网上供读者浏览。杂志的内容可以关注时尚动态、生活方式和流行趋势，但主要是让时尚爱好者了解行业动态。
3. **成为明星经纪人**。这是一项可行的业务，负责为时尚明星接洽工作、商谈合同等事宜。
4. **成为作家或信息营销人员**。一旦在行业的某个领域有了一定的经验，你可以考虑通过将这些信息传递给他人来营利。也就是说，你可以成为一名关注时尚和生活方式的作家。如果作家这一职业不适合你，你也可以做一名信息营销人员，在线上销售有关时尚话题的各种资料。与实体产品不同的是，音频和电子书等信息产品是通过下载的方式获得的。
5. **创办时尚电视平台**。你可以在线上创办自己的时尚或生活方式电视平台，如YouTube和Vimeo官网都是可以上传视频的渠道。

6. **时装精品店或服装零售商**。即使不是设计师，你也可以开一间线上或线下的零售店来销售时尚产品。你可以和设计师合作，主攻某一品类的服饰，如向消费者提供配饰和鞋履。你还可以开设女装、男装或儿童服饰精品店等。

7. **时尚摄影师**。这是难度最大但也最抢手的职业之一。对每一个为顶级杂志封面拍摄过的专业摄影师来说，业内的工作可能在排队等着他。你可以专注一个特定领域，如广告摄影、艺术摄影、明星肖像拍摄或八卦杂志拍摄。

8. **时尚活动、博览会及贸易展的策划者**。你或许能够获得一些资金支持。因此，只要你有组织才能并有吸引企业赞助商的能力，那么策划展会、设计大赛等活动可能是你应该选择的职业道路。

9. **成立模特经纪公司**。这也是一种职业选择。模特经纪公司为模特接洽发布会、杂志拍摄等工作，并按协议抽取佣金。如果你有能力开发这样的工作资源并有发现模特的慧眼，成立模特经纪公司可能很适合你。

最后，值得强调的是，时尚产业的体系是庞大的，因此时尚创业者们有很多谋生的机会，为他人或为自己工作，自己创业的方式也越来越受欢迎。如果你能创造性地思考、努力地工作和周密地计划，你是能够发现创业机会的。除设计师和制造商这两条创业路线之外还有很多其他就业机会，也有许多新兴的商业模式。

新兴小型时尚商业模式：微品牌

以下介绍时尚产业的一个领域，以及服装设计师如何小规模地工作并赢得了包括明星在内的一部分支持者。

长期以来，时尚产业的运行一直围绕着那些誉满全球、深受富豪与明星追捧的知名设计师和品牌，用于显示财富和展示生活方式。从某种程度上来说，这几乎没有变过。然而，随着时间的推移，我们经常效仿的那些时尚达人们正在开始一种全新的趋势。除非你知道去哪里买那些服饰，否则这些时尚风格很难被复制。时尚产业的最新趋势是"微型设计师"（micro designer）。微型设计师，也被称为小众设计师或"独立设计师"，正在崛起。他们曾经被认为是时尚界的弃儿，但现在其品牌正迅速成为富甲名流争相光顾的品牌，包括MY Theresa、Ginger & Smart和the Designer Forum等。与主流品牌不同的是，独立品牌或微型设计师很少将自己的名字体现在服装上。通常专注于本地市场的微型设计师们正开始得到相应的关注，这让时尚产业更加富有魅力。

换言之，澳大利亚的时尚爱好者会在悉尼或墨尔本寻找微型品牌，而美国消费者最有可能在纽约市找到独立设计师品牌。

在传统商业模式与新兴商业模式之间，我们看到了许多变化。如前文所述，时尚创业者们有很多可以商业化的想法。下一节将更详细地介绍其中的一些内容。

独立设计室

独立设计室通常只有一两个关键职位，且大部分是女性。

新兴商业模式

在美国，有很多小型企业，平均每月至少新成立54.3万家。在英国，根据政府支持项目Startup Britain的研究数据表明，2016年1~6月共注册了342927家新企业，而2015年全年有608110家。因此，如果你有创业想法，你必须从众多企业中脱颖而出才能成功。时尚创业者除有很多传统就业机会外，也有许多新的商业模式可以采用。

在开始新的商业冒险时，设计师必须决定想要创立的业务类型。从开发的产品到销售的方式，以及这之间的每个阶段，都要做出决策。如今，许多设计师正在制定自己的规则，创建对自己的人生目标和个人价值观来说独一无二的业务。以下是时尚产业中的一些新兴商业模式。

作为品牌标识的个人价值观

作为企业家，最有优势的一点是你能掌控自己的未来。但是，只有你的事业与生活步调一致而不是背道而驰时，这种掌控机会才会在你手里。如果工作每天都在与你的生活产生矛盾，那你就无法控制未来；如果工作模式适应于你的生活风格，那你就一切尽在掌握。建立与自己的生活方式相得益彰的事业的一个关键是在个人价值观的基础上创建它。很多企业都是基于对创办人来说重要的事物、他们的价值观以及他们想传递给世界的个人理念而创立的。这已成为众多独立和新兴品牌的基础。

与其被禁锢在时尚品牌的传统定义中，你不如创办一个有目的、有意义的品牌，不仅令你自己有成就感，也让你的客户和讲述你的品牌故事的人以及你的合作伙伴感到满足。

直接面向消费者销售

"直接面向消费者"模式发展迅速，已经被一些规模较大的品牌采用。通过这种模式，设计师们正在寻找创造性的方法让自己的品牌被认可，并吸引消费者访问自己的网站。

对成功的重新定义

长期以来，金钱一直是成功的驱动力和衡量标准。在某种程度上，我们也需要营利来使自己有经济保障。然而，现在的一些设计师更关注的问题是什么让他们在生活和工作中感到快乐，并正在为自己重新定义什么是成功。尽管金钱是重要的，但对一些设计师来说，自由和时间才是个人成功的标志，而非金钱。

忽略季节性

时尚界多年来一直在修改上新的季节安排。随着时间的推移，度假系列、早秋系列和"winmmer"系列（由冬天的英文winter和夏天的英文summer两词合并而成，在社交媒体上用于描述季节的合并）等服装系列一个接一个以"新事物"的名义出现。最近出现的新模式之一是设计师们拒绝推出这么多的系列。传统的秋冬和春夏两季服装系列已经很难及时上新，更不要说增添更多系列。这些行业正在发生的变化值得关注。

无论是放弃推出一个或多个系列还是仅专注于两个关键季节，新的时尚商业模式意味着设计师要"制定自己的规则"。

重新定义"系列"

除忽略季节性之外，一个服装"系列"的概念究竟是什么也在被重新思考。许多设计师都是按30款、50款或80款的数量来开发新一季服装系列并制作出来，以便买手有丰富而全面的选择。现在，有些新兴品牌只推出一款非常吸引人的单品来试探市场，并将收益用于进一步的发展，有些品牌每3个月推出1~2种款式，还有品牌每个系列开发5~8款服装，然后每个月精心打磨并推出一个限量款设计，让品牌与众不同。

重视小众媒体的价值

从前，如果品牌没有被核心时尚媒体青睐，品牌就没有真的在时尚界取得成功。现在，很多设计师已经不再将这视为是否获得认可的唯一途径。对于一个品牌来说，能出现在*Vogue*上依然很重要，但设计师们已经不再让这来决定他们能否成功。许多设计师已经意识到通过社交媒体与消费者互动、与博主合作、接受播客采访等宣传方式的力量。他们开始通过这些渠道努力讲述自己的品牌故事，并已经获得了品牌知名度和现金流提高的回报。

工作地点

今天的设计师已不再局限于在大城市工作。虽然纽约、米兰、巴黎和伦敦等城市仍然是主要的时尚中心，但设计师们现在可以在自己的工作室里工作，这对于他们在全球时尚产业中的地位没有任何影响。参加季节性时装周对今天的设计师来说也已经不那么重要了。

上述讨论的所有模式都有一个共同主题：新的独立品牌不再等待被"挑选"。许多设计师在将成功掌握在自己手中，他们意识到这个行业正在变化，他们的价值观很重要，并且规则可以被打破，以及他们有创业的能力并可以按自己的方式塑造品牌和塑造他们的企业，以适应他们想要过的生活，而按照传统模式工作也完全可以。今天的时尚产业有很多令人兴奋的就业机会。如果现有商业模式不适合你，你可以为自己量身定做一个。

创意企业的规划与管理

为了创办成功的时尚企业，你需要从一开始就像企业家一样思考。这意味着你需要了解企业的运作方式，为业务制定规划，列出短期、中期和长期目标是十分重要的。以下部分将介绍创业的关键步骤以及小型企业的创意管理和规划。

创业的关键步骤

创办时尚企业的过程可以分为以下几个关键步骤。

1. **决策时间**：首先需要决定创办什么类型的时尚企业，是专注于设计、开零售店销售服装，还是提供时尚推广等专业服务。市场调研应该让你对自己的产品和服务有了概念。在你的计划中，你需要明确你想要什么。除调研资料以外，你还需要做一些"比较购物"来确认你的

图7-2
明确你想要什么,并进行"比较购物"。
© Gareth Cattermole via Getty Images

想法(图7-2)。

2. **规划**:这包括探索与你的技能、所能获得的支持和能力相匹配的想法,将这种探索发展成商业规划将有助于明确该业务是否会盈利。无论是何种业务,都必须制定全面的商业规划,包括企业名称、地点、成本和营销理念。本书后续有更多关于如何制定商业规划的内容讲解。

3. **法律结构**:虽然有许多不同类型的企业设置,但一家小型的时尚初创企业通常会符合独资企业(也称为个体经营者)或合伙企业这两种形式之中的一种。独资企业是最简单的形式,是一个由单一所有者组成的营利性企业,可以自己经营,也可以雇用他人。财务记录更简单,但企业的所有者对企业产生的债务承担无限责任。合伙企业是由两个或两个以上的合伙人拥有的以盈利为目的的企业。这种模式很适合那些希望将不同技能结合到一起的时尚专业的毕业生。在多数合伙企业中,每个合伙人都要对企业产生的债务承担无限责任(图7-3)。

图7-3
Yoana Baraschi2011秋冬系列。
你想经营批发业务，将设计外包并将成品服装销售给知名企业吗？好好探索你的各种想法，找到与你的技能和能力相匹配的领域。通过你的探索和商业规划，你可以确定你的产品是否可以盈利。
© Craig Barritt via Getty Images

资金

财务通常是让大多数创办企业的设计师担心的方面。然而，预估利润和收入在一定程度上就是对业务发展的规划，对商业规划来说是非常重要的。同时，你也需要筹集资金去实现业务规划的增长。

客观谨慎的企业增长预测始于损益表，而且损益表也可以推算出实现这种增长的成本。损益表不会显示需要筹集多少资金，因为它不反映现金流入和流出的时间。因此，你还需要一份现金流量表。

现金流量表以"月"为单位反映企业的现金情况，不仅高峰期和低谷期一目了然，还能确定需要多少资金才能通过低谷期，可以将现金流量表看作现金进出的月度账户。从上述这两份报表可以知道当月所需的资金。提前知道资金需求很重要，供应商在货物放行前要求付款，所以账户里不能没有资金。这点在时尚行业的业务中尤为重要，因为成本在设计、制作和推广的过程中产生，但收入是最后把服装销售出去时才获得的。

> "人们普遍认为，要想让消费者消费，总要有一点推销才行，但营销的目的是使推销成为多余。市场营销的目的是更好地认识和理解消费者，使产品或服务更适合他们，从而让消费者自然而然地购买产品或服务。"
> ——彼得·德鲁克（Peter Drucker）

> **市集**
> 时尚市集是进行时尚产品交易的商业场所。

制订商业规划

一旦确定了产品或服务，下一阶段就是制定商业规划，并定期监控进度和在需要时进行调整。这被称为"战略规划"，指制订一个清晰可行的计划来推动你的事业向前发展。虽然创建一份创意商业规划确实需要投入时间，但这些时间是值得投资的。没有这样的规划可能会造成时间浪费和资源管理不善，并会因缺乏规划而导致沮丧和压力，付出更多的代价。

本节内容将针对制订可用于创建时尚企业或开发时尚项目的战略规划进行指导。

图7-4
Supermarket Sarah。
这家网店有一个独特的精品概念：消费者会看到一面墙上布满只销售一次的产品。店里布满产品的"墙"始于她的客厅，但现在已经扩展到公共场所、画廊、店面和酒吧。
图片由Supermarket Sarah提供

为市场提供新的东西

在创办企业之前，必须先回答这个问题：你能给市场提供一些新的东西吗？确定一个独特卖点将使业务重点突出并给予业务发展的方向。研究市场上不同类型的时尚产品和服务能为创业者提供一个起点。无论是开一家实体时装店还是经营网店，都会涉及从概念到推广的方方面面（图7-4）。

图7-5
SWOT分析模型。
SWOT分析模型是一种战略规划方法，用于评估项目或企业的优势、劣势、机会和威胁。

S 优势
- 技术能力
- 领先品牌
- 分销渠道
- 客户忠诚度/关系
- 生产质量
- 规模
- 管理

W 劣势
- 缺乏重要技能
- 劣势品牌
- 分销渠道不足
- 客户忠诚度低
- 产品/服务不可靠
- 规模较小
- 管理方式

O 机会
- 客户品位正在变化
- 科技进步
- 政府政策的变化
- 降税
- 人口年龄的变化
- 新的分销渠道

T 威胁
- 不断变化的客户群
- 地域市场关闭
- 科技进步
- 政府政策的变化
- 增税
- 人口年龄的变化
- 新的分销渠道

内部因素 / 外部因素
积极因素 / 消极因素

目标

为时尚企业制订商业规划包括以下步骤：

1. 考虑企业的经营目的。
2. 分析企业在竞争环境中的商业机会（图7-5）。
3. 研究SWOT分析模型中确定的那些非变量，将弱势最小化并将优势最大化。
4. 确定企业在前12~18个月期望取得的成果。
5. 制定理性的目标、策略和战术。
6. 将目标、策略和战术组织成一份时间表，用来跟踪计划。
7. 持续监控进度并记录结果。
8. 在必要时改进计划。

> **紧急行动（Firefighting）**
>
> 在商业背景下，"紧急行动"是指为了立即处理没有预见到的问题而紧急调配资源。经常性的紧急行动可以反映出规划不善或缺乏组织能力。

战略规划

规划宏伟的蓝图可能会让人不知所措，而战略性的规划将有助于把目标分解成可管理的模块，以便每天处理，并在不断变化的商业环境中做出决策。企业不花时间思考和研究也会导致时间浪费和金钱损失。不幸的是，这正是时尚企业

表7-1 战略规划的重要性

成功的业务	不成功的业务
着眼大局	经常需要"紧急行动"
理解模式及其关系	被动而不是主动
有处理不确定性的流程	害怕未知事件
多渠道收集事实、反馈和信息	对成功没有明确衡量标准
对完成短期和长期目标有规划，并随时进行监督和调整	没有规划

"战略是一个组织长期发展的方向和眼界，通过在充满挑战的环境中配置资源为组织实现能满足市场需求的优势。"

——约翰逊（Johnson）和施乐斯（Scholes）

失败的最常见原因之一。表7-1阐明了为什么战略规划很重要。

制订商业规划

一个好的商业规划应该清晰准确,并能清楚地说明为什么业务会成功。它必须在事实或针对服装行业以及业务方向的调研的基础上说明业务将如何运营。同时,潜在的资金提供者,如银行经理或补助负责人,要看大量用于申请资金的商业规划。因此,他们要对以下问题的回答满意,才会乐意投资你:

1. 谁是你的目标消费者?
2. 为什么目标消费者会购买你的商品或服务?
3. 你如何让目标消费者了解你的业务?
4. 你的竞争对手是谁?
5. 你的企业要如何在竞争中胜出?

商业规划主要包含三个部分。首先是确定商业理念,主要关于产业、企业结构、特定产品或服务,以及如何让企业成功。其次是市场调研部分,包括对潜在客户的分析:他们是谁?他们在哪儿?他们为什么会购买……市场部分还应包括对竞争的分析以及对如何定位企业来打败竞争对手的规划。最后是财务部分,包括收入和现金流量表、资产负债表及其他财务指标,如收支平衡分析。

销售预测

销售预测可能是商业规划中一项最困难但又最重要的工作。首先要明确市场规模,可以通过研究一家定位类似的企业的市场份额来估算自己的市场份额以及为了实现这个份额所需的销量。新企业的市场份额通常起步较低,增长缓慢,除非经营的业务是市场上没出现过的全新事物或开辟了一个新市场。了解竞争对手的收入和销量后,在其基础上定一个百分比作为自己的销售预期。

定价

计算价格最简单的方法是计算出一般业务管理费用的成本,然后以百分比的形式分摊到每件服装上。算出企业一天可以生产的服装数量,再估算出企业一天的运营成本,然后用第二个数据除以第一个数据。非工作日产生的持续成本,如周末虽然不生产但还是要花钱维护网站的运营,也要将该成本分摊到每件商品的价格中。

同时,关注市场上类似服装的成本也有助于给自己的商品定价。面料、辅料和装饰品的成本也要计算进去,制作所需的时间也是成本之一……要综合以上各种因素,设定一个合理的价格。国家最低工资标准也可以是一个计算参考,以确保产品定价能让你赚到足够的资金来维持生计。

> **管理费用(Overheads)**
>
> 管理费用是经营企业的持续成本,如租金、电费、员工工资等。

为企业筹集资金

筹集企业运转所需的资金是创业者面临的最大挑战之一。正如前文所述，你需要知道资金来源并控制好财务状况。筹资有不同的方式，接受投资可能意味着自己失去对业务的一些控制权。因此，现在有融资的新方法，让创业者能在对自己的企业更有控制权的前提下筹到资金。

众筹

众筹是指从身边的人那里获得帮助为项目筹集资金，并扩大影响和争取支持，是一种个人运用公众的力量将想法变为现实的融资方式。有好想法的人可以通过互联网获得公众的支持，筹集到项目运转所需资金。公众用资金来支持他们的想法，众筹发起者则用能反映出贡献资金的奖励方式来"感谢"自己的支持者们。

如今，你可以通过众多支持者的投资筹集到项目所需的资金。而在过去，融资的主要方式与众筹相反，投资者只有几个人，并且需要他们资助大量的费用。众筹通过互联网将创业者与成千上万的，甚至是数百万的潜在资金提供者连接到一起，改变了传统的融资方式。需要寻找资金的创业者可以在Crowdfunder、Crowdcube等平台上上传其项目的简介，然后可以使用社交媒体或者通过朋友、家人、同事和熟人等社交圈来筹集项目所需的资金。

相关历史

人们普遍认为第一个在线众筹项目发生在1997年。据报道，摇滚乐队马里利恩（Marillion）在他们的第七张专辑*Brave*发行后无法负担巡演费用。虽然那时还没有"众筹"的说法，但美国歌迷利用互联网筹集了6万美元，让乐队得以在美国演出。当时，乐迷对互联网的接触还很有限，但这并没有阻止马里利恩乐队通过这样的资助方式继续举办巡演，并以相同的方式筹集资金完成了接下来三张专辑的制作。

很快就有许多其他创意项目紧随其后进行众筹，如电影制作。2001年，第一个众筹网站出现了。至2012年，在线众筹平台超过了500个，同年2月，第一个资金超过100万英镑的众筹项目发布。

众筹有三种不同的类型，分别是捐赠式众筹、债务型众筹和股权式众筹。

捐赠式众筹

多数人会投资这种类型的筹款活动，纯粹是因为他们相信这个企业的想法或目标。而接受投资的一方会提供奖励作为回报，形式包括专辑封面上的致谢、免费礼物、活动门票等，这种回报是无形的。捐赠者出于社会或个人原因为项目投资，除获得成就感外，并不求其他回报。

债务型众筹

在这种类型的众筹中，投资者会收回他们的投资和利息。这种方法也被称为"点对点融资"（P2P），这种方式绕过了传统的银行系统，让投资者在为自己认定会成功的想法做出贡献的同时获得资金回报。在小额信贷的情况下，不需要支付利息，通常为较为贫穷的人提供非常少量的资金，以为社会公益做出贡献作为回报。

股权式众筹

这种方式是指人们对机会进行投资并获得项目或公司的股份。与其他类型的股票投资一样，如果项目成功了，价值就会上涨；如果没有，就会下跌。

众筹对时尚产业的影响

过去，只有客户下了订单的服装才会被生产出来。而现在，时尚产业已经从定制生产转向大规模生产的快时尚，如Gustin和Petite Shop等线上零售商，正在根据美国消费者的决策来生产，从而实现了更快的周转时间和更低的生产数量。

这些零售商采用了"内部"众筹模式，这种模式就像一个设计师或零售商的私人众筹平台。在这个模式中，每件产品被单独推广，获得足够支持的产品才会进行生产。而当前主要的零售模式是：品牌每一季都会推出包含10~15款设计产品的完整系列，根据上一季的表现或买手订单估算需求，然后在国外大规模生产出来。这些流程完成后，这些批量生产的产品会高价出现在消费者面前，因为要考虑到日后因换季等因素而造成的不可避免的降价销售。

运行模式

对于那些愿意花费更多时间来获得更好的品质和不用支付更多成本的人来说，这是一种新的商业模式。Gustin平台大约需要2周的推广时间和6~8周的生产时间，而等待了许久的消费者将获得本土生产的、采用来自意大利和日本的优质面料制作的高品质限量版服装。在这种模式下，几乎没有生产的浪费，因为每一件都在制作之前就被预订了，而且服装全部以批发价出售，因此Gustin不必考虑持有库存的成本。

时尚产业不断变化的性质、商业模式以及利用互联网支持创业的方式，正在为新的设计师进入庞大而复杂的时尚产业铺平道路。设计师的风险在降低，消费者也有了更多高性价比的选择，因为设计师不用再大量投资于销量未知的库存。这种新模式让设计师们有了获得收益的新方法。这种模式也可以作为数据驱动的时尚实验室，让设计师和零售商可以更好地根据客户需求开发产品。

了解知识产权（IP）和保护设计作品

对于时尚企业来说，确保其品牌和产品设计不被仿冒以及不被竞争对手抄袭非常重要。知识产权法使时尚企业和设计师能够与竞争对手区分开来，并确保自己的设计和想法受到保护。时尚企业可以利用多种法律规定来捍卫和保护他们的作品，包括作品的版权、商标和外观设计专利，以及处理不正当竞争关系。

对于任何想牵制竞争对手的企业或设计师来说，一系列的注册权是一个重要起点，如商标注册和外观设计注册。这些注册权和未注册外观设计权以及未注册商标权一样，比版权更容易执行。

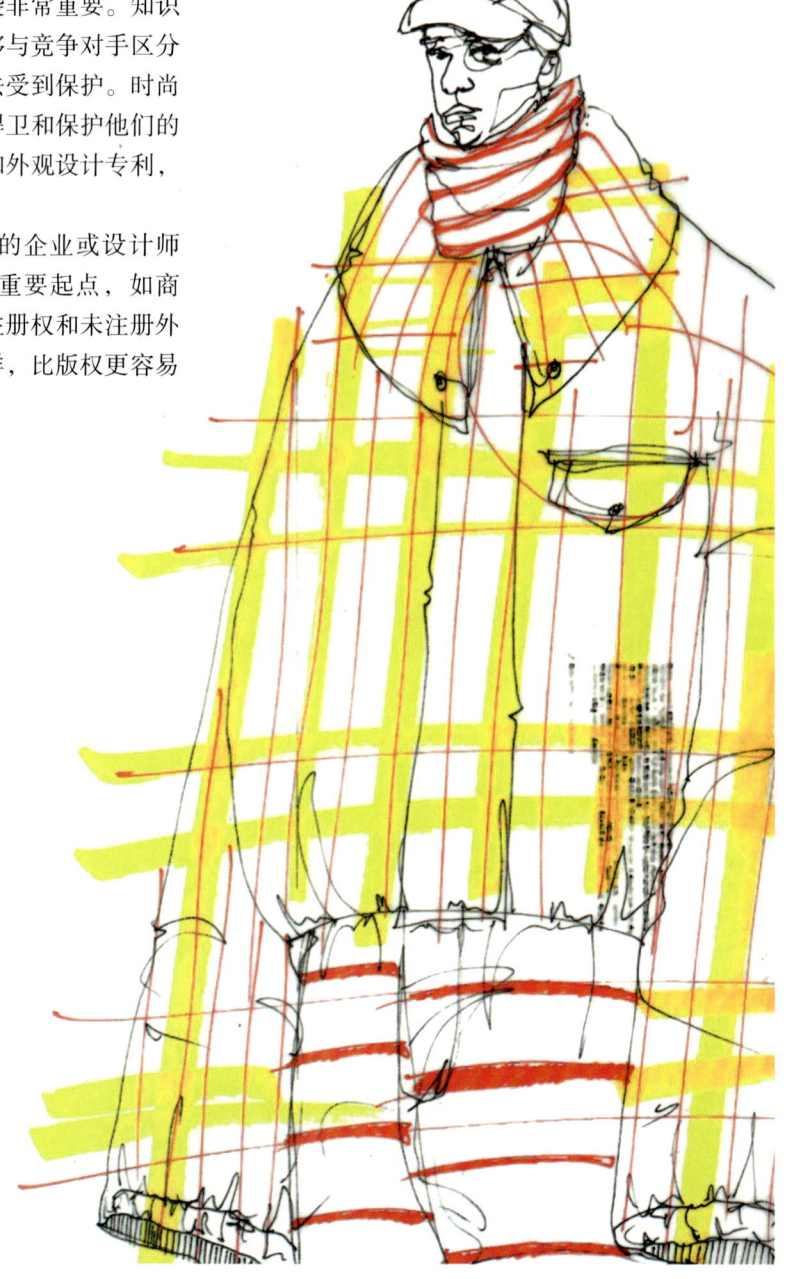

图7-6
设计手稿。
© Hattie Crowther

设计手稿决定了产品的外观，包括形状、质地、颜色、材料、廓型和装饰。要想被看作是"新设计"，设计的整体元素应该不同于任何现有设计。通常，创作者拥有自己的设计手稿的任何权利。但是，如果作品是受委托设计的或者是在受雇期间创作的，则该作品的权利属于委托方或雇主（图7-6）。

时尚版权

版权法对设计师的作品提供有限的保护。版权包括设计草图和图案等原创艺术作品，但不包括想法、理念、风格、技术和作品名称。绝无仅有的时尚设计作品，如高级定制服装或珠宝，如果可以被认定为"艺术工艺品"，则可以作为版权作品受到保护。而任何大规模生产的产品，都应该依靠设计法而不是版权法。

时尚设计权

设计权可以通过与版权类似的方式进行购买、出售或授权。设计权独立于版权而存在，更侧重于产品的形状、设计和结构。为了作品有资格获得设计保护，设计必须是创新的和独特的，并且必须和已经在公共领域的设计进行比较。由于假冒产品造成的潜在损失，服装行业一直呼吁加强对服装设计的全球知识产权保护。未注册设计权保护可销售的或潜在可销售的作品的形状或结构，并用于防止未经授权复制原始设计。

商标品牌保护

商标法保护商品或服务在商业中被认可的标志。商标所有者可以对任何使用类似商标生产或分销产品的人提出索赔，因为这可能让消费者产生混淆或降低原品牌的价值。

时尚品牌授权

"授权"可以为设计师和制造商提供额外的收入来源和营销机会，还可以让时尚企业拓展新的地理区域或产品类别。

外观设计专利

外观设计专利用于保护功能性物品的装饰性外观设计。任何持有外观设计专利的人都可以针对制造、使用、复制或进口基本相似的外观设计的一方申请禁令和损害赔偿。

"有人认为，模仿对行业有利，因为它让设计得到扩散，提升了创造力和创新性，推动了流行趋势的同时又加速了这些趋势的过时，从而为下一季的新设计做好准备。"

——斯图尔特·范德马克（Stuart Vandermark）

案例研究：纳比尔·纳耶勒（Nabil Nayal）

纳比尔·纳耶勒（Nabil Nayal）是一位目前备受关注的设计师，他拥有自己的同名成衣品牌，以将传统工艺与新技术融为一体为个人特点。纳比尔曾经在谢菲尔德哈勒姆大学（Sheffield Hallam University）担任服装设计课程的专家客座讲师。纳比尔出生在叙利亚，14岁时移居英国。在曼彻斯特城市大学获得服装设计学士学位后，他获得了许多有威望的奖项，包括毕业生时装周"最佳女装奖"、英国皇家艺术协会奖（the Royal Society of Arts Award）和英国时装协会（British Fashion Council）硕士奖学金，这使他能够在皇家艺术学院继续深造。

纳比尔对自己的创业之路有着缜密的规划。从大学毕业进入时尚领域开始，他就在业内关键领域积累创意和专业经验，为自己的事业打好基础。2008年，他受邀与博柏利的创意总监克里斯托弗·贝利一起工作。2009年，他受River Island委托设计的胶囊系列，仅用了三天就销售一空。而他的硕士毕业设计作品于2010年被著名的哈罗德百货公司收购。2011年，纳比尔·纳耶勒同名成衣品牌首次亮相伦敦时装周，这是品牌的高光时刻，吸引了弗洛伦斯·韦尔奇（Florence Welch）、蕾哈娜（Rihanna）、克劳迪娅·希弗（Claudia Schiffer）和Lady Gaga等明星支持者。

纳比尔于2011年获邀参加了巴黎时装周后，2015年，他入围享有盛誉的"LVMH青年设计师大奖"（LVMH Prize）。他富有创造性的作品和充满创新性的创作过程使品牌兼具现代感和未来感，备受称赞，其作品被描述为"用尖端技术'颠覆'传统工艺"。纳比尔对伊丽莎白时代手工艺的兴趣极大地影响了他的设计风格，而新技术的发展使他的作品从其他设计师作品中脱颖而出。褶皱的运用、夸张的结构、硬挺的廓型以及历史元素是他品牌标识的核心元素。为了保持作品的未来感，纳比尔依然在针对如何将最新科技应用于自己的设计作品展开广泛的研究。他在使用3D打印技术来开发自己的作品，并正在攻读博士学位，研究如何让3D打印技术成为设计过程不可或缺的一部分。

纳比尔吸引了许多业内关键人物的关注，如卡尔·拉格斐。2015年，卡尔在巴黎首次看到纳比尔入围"LVMH青年设计师大奖"的服装系列中的一件白色衬衫。他问道："你是怎么做到的？"然后大声说道："我喜欢它！我喜欢它！我喜欢它！"卡尔当场为他的缪斯、朋友兼合作者阿曼达·哈莱克（Amanda Harlech）夫人买下了这件衬衫。在这之后，由卡尔掌镜，并与穿着这件衬衫的杰瑞·霍尔（Jerry Hall）一起为*Vogue*杂志的第100期内容拍摄图片（图7-7）。

所有这一切让同时是企业家和研究人员的纳比尔承担了很多艰苦的工作，因为品牌相关事宜、

图7-7
2015巴黎时装周后台。
卡尔·拉格斐与"LVMH青年设计师大奖"入围设计师、皇家艺术学院毕业生Nabil Nayal交谈。

服装系列的开发以及公司的管理和推广都由自己全权负责。

纳比尔使用各种社交媒体平台与他的观众互动。他经常在脸书上宣传自己的作品、参与的照片拍摄和时装周等，并分享他的学术研究成果。他对自己品牌的奉献和承诺，以及他在业内的成就，都体现在他定期发布的宣传自己作品的帖子中，以及他与媒体的互动中。他的微型品牌向服装行业及他所参与的一切领域展示了新锐设计师们的前瞻性思维。

纳比尔是一位时尚创业者，他正通过新的设计方法和创造过程创建一个品牌。此外，他还孜孜不倦地从事学术研究。这种时尚、技术和学术研究的融合，体现出了新锐设计师们正在打破时尚产业的传统规则，并在以不同的方式工作。有趣的工艺使纳比尔·纳耶勒品牌的作品系列不同于市场上那些传统的系列。年轻的设计师和创业者们的未来值得期待。

此后，纳比尔再次入围"LVMH青年设计师大奖"，并受邀参加2017年的巴黎时装周。

本章小结

本章内容与时尚创业相关，以小型或微型企业为中心，探讨了许多与时尚品牌管理相关且无论公司规模大小内容都一样的议题。

互联网正在推动时尚产业的变化，为希望毕业后进入时尚产业工作并建立自己的时尚品牌，同时还希望与大品牌在全球范围内竞争的学生创造了更多机会。本章概述了在当今的时尚产业中，小型时尚企业为何与大型企业一样重要。还可以看到，新的小型商业模式的发展为现代创业者们的成功做出了贡献，助力他们找到生产和销售时尚产品及可持续产品的新方法，实现对社会的贡献和回报。要想成功创办一家微型时尚企业，无论采用何种商业模式，都要在开展业务之前先去了解消费者，确定他们需要什么，并在此基础上制定商业规划。

小型企业被认为是创新的领导者，新概念的开发与商业化是管理者带领小型企业保持领先地位的基础。小型企业的灵活性为新理念的发展与实现创造了条件，让新企业能在不断变化的经济市场背景下取得成功。

全球每年都会有很多新的小型企业成立，因此，拥有一个能让你脱颖而出的商业理念对成功至关重要。互联网和众多新兴商业模式提供了很多在时尚领域创业的机会与方式。无论是专注于设计、通过零售店销售服装，还是提供时尚推广等专业服务，决定开设哪种类型的时尚业务，都需要研究和规划技能。

一个好的商业规划应该清晰准确，并可以清楚地说明为什么业务会成功。它必须在事实或针对服装行业以及业务方向的调研基础上说明业务将如何运营。潜在的资金提供者，如银行经理或补助负责人，要看大量申请资金的商业规划，所以他们会问到很多问题。因此，在事实或调研的基础上将业务和盈利前景规划清楚是非常关键的。

筹集资金是在创业初期就要开始考虑的事情。有了像众筹这样的新机会，创业者就可以绕过传统的融资方式，通过众筹来获得资金支持，从而启动业务。

最后，如果你不保护你的想法，那所有的规划都是没有意义的。根据你的业务类型，你要考虑通过外观设计权或版权保护自己的作品。许多小型设计公司未能认识到他们的想法的价值，而你要了解自己的立场是什么。

现在将通过一些问题帮助你回顾本章内容。

案例研究与章节回顾

问题1：纳比尔接受了哪些时尚专业领域的教育并具备了哪些创办时尚企业的技能？

问题2：纳比尔曾为哪些时尚企业工作过？哪些时尚企业销售过他的作品？

问题3：哪位著名设计师对纳比尔的作品表现出了关注？这位设计师对这个系列的反应是什么？

问题4：纳比尔的作品与其他设计师的作品有何不同？

自测表

1. 请用简短的话语描述创业实践的注意事项。
2. 请描述开发产品商业化理念的3个步骤。
3. 请列出至少4种非设计师创业者可以创办的时尚企业。
4. 请解释什么是"微品牌"。
5. 请概述当前产业内一些不同的小型商业模式。
6. 请概述创办时尚企业的一些关键阶段。
7. 请阐述制定商业规划的要点是什么。
8. 什么是众筹?
9. 请解释什么是IP。
10. 纳比尔·纳耶勒品牌设计的核心是什么?

练习

众筹宣传视频的5个步骤

众筹宣传视频中最重要一点的是你呈现出来的第一印象。这个宣传视频本质上是短视频形式的"电梯演讲"（Elevator Pitch），这是一次宣传自己想法和展示自己的机会，所以要充分发挥其作用。以下练习将带你完成制作众筹宣传视频需要的5个重要步骤，让你了解如何令人印象深刻并真正与观众取得联系，以便让他们投资。

第1步：在宣传视频中展示自己

你必须在视频中展示自己。请记住，不要犯许多创业者都会犯的错误，别忘记展示自己是谁。大家是在给"人"投资，不是给项目。在这个阶段，人与人之间的连接对筹集到资金很重要。

第2步：渲染视频的氛围和情绪

找一个可以给项目增色并给视频增添氛围的地点进行拍摄，让你的观众即潜在的投资者，感到舒适、温暖、轻松。请记住，这个视频也反映了你自己的特点。如果你给观众的印象是冷漠、无趣，那他们可能就不会为你投资。

第3步：保证视频的品质

你不必使用很贵的相机拍摄，用智能手机拍摄仍然可以给观看者留下好印象。但无论你用什么设备来拍摄，都要确保视频的品质，确保灯光、录音效果等细节令人满意。把宣传视频做成让你骄傲并愿意与全世界分享的资料。

第4步：用信念宣传项目

不要多愁善感也不要特意博得同情，你要通过激发共鸣让观众愿意为实现某些意义来做贡献。带着信念和热情，以及你对能为投资者实现价值的冲劲去宣传。还要记住，要从潜在投资者的角度来宣传你的项目，而不总是以自己为核心。

第5步：获得潜在投资者的信任

投资者希望知道你将如何使用筹集来的资金，简要地展示一下你以前的工作经历是最简单的方法。不要介绍你获得过的证书，而要用故事讲述：告诉你的观众你做过什么，你是怎样做的，以及这些工作对现在的项目有什么贡献。如果这是你的第一个众筹项目，要在视频里告诉他们，并列出你想要筹集的资金数额。一定要保证对自己和对潜在的投资者诚实。

最后，祝你好运！

纳比尔·纳耶勒专访

问：可以和读者分享一下，是什么让你想成为一名时装设计师的吗？

答：想当设计师的想法是逐渐产生的。我3、4岁就开始学做衣服，但我从未用"时尚"去标记它们。我只是非常喜欢研究面料和结构，并发现通过这种媒介，我能够表达出我的创意愿景。显然，这在随着时间的推移而发展改变。我从没想过做别的事情，我对自己想做的事情非常执着，追求自己的抱负，热爱我所做的事情。我从来没有被时尚界的明星文化所吸引，让我保持热爱的是对自己作品的创作潜力。

问：你什么时候想到要创立自己的品牌？

答：大概在15、16岁。那时我已经知道我要成为一名服装设计师，并且已经开始研究要去哪里攻读我的第一个学位。我曾很天真地认为创立自己的品牌是件自然而然会发生的事情。但并不是，远没有那么容易。从皇家艺术学院获得硕士学位并有了几年的工作经验之后，我终于在2014年创立了自己的品牌。

问：品牌背后的工作团队有哪些成员呢？

答：团队成员包括我自己、商业伙伴、裁缝、制板师以及生产部门和公关部门。

问：请和我们举例分享一下品牌的服装系列。

答：2017春夏系列是"伊丽莎白时代"六个运动装系列中的第三个。这些系列借鉴了伊丽莎白时代（1558~1603年）服装工艺和当代运动服的制造技术。我花了一周时间在意大利普拉托博物馆（Prato Museum）的档案馆研究伊丽莎白时代的亚麻布的构造、生产、装饰和服装廓型。我的研究结果通过激光切割、褶皱技法和廓型设计体现在了新的服装系列上。

问：品牌的商业模式是什么？

答：我们对伊丽莎白时代的服装工艺进行了现代化和重新语境化，为客户提供讲究工艺技法的高端服装。我们的产量很少，保持小众风格，并且理解了在零售商和合作伙伴面前坚持自己的想法的重要性。我们在英国制造并且非常重视可持续发展。

问：你如何向时尚界和潜在客户推广你的品牌？

答：我们有一家合作的公关公司，他们会通过经典的推广途径来宣传我们。但我们也使用社交媒体，尤其是Instagram。在2015年"LVMH青年设计师大奖"的展览期间与Instagram团队会面后，我受邀到纽约讨论我们在Instagram平台上的品牌战略，因为我们以使用这个平台的创新方式而闻名。

问：品牌的下一步规划是什么？你认为品牌在未来几年的发展方向是什么？

答：我们一直在通过米兰时装周和巴黎时装周向国际观众展示我们的新系列。我们将继续这种模式，让公司有机成长。我们将在英国时装协会的支持下去巴黎展示2017秋冬系列时装。品牌会始终坚持研究历史手工艺，并将收获的灵感反映在服装系列中，在当代的背景下呈现深受精妙的历史结构和工艺影响的服装。研究工作是品牌的核心。目前我正在攻读博士学位，研究伊丽莎白时代的服饰与当代时尚实践。毫无疑问的是，我将继续积极研究世界各地的"工艺档案"来启迪我的创作。

问：你对未来的时尚创业者有什么建议吗？

答：只知道努力工作是不够的，必须要有战略思维。思考要超越此时此地，要跳出你的企业：五年后你会给自己什么建议？这是陈词滥调了，但你必须相信自己的直觉。而且要认识到，事事都亲力亲为几乎是不可能的，也不应该这么做。我认为，要想在这个行业取得成功，你需要勇于承认自己的缺点：没有人擅长一切。最后，你为一个服装系列所花费的所有时间当中，大概只有10%用在设计上，其余的90%都会花在营销方面。时尚产业顾问阿美德（Imran Amed）给了我这条建议，他说得很对。还有，尽量一分钱也不要跟别人借。我们从一开始就完全靠自己，从来没有借过任何东西。这条建议来自约翰森·桑德斯（Jonathan Saunders），他说得也很对！

你可能每发送出20封电子邮件才会收到1封回复，但是不要放弃希望，只要你坚持足够长的时间，你就有机会实现你的目标！

总结

时尚产业充满活力，竞争激烈，对全球经济的增长和发展有非常重要的贡献。这个价值数十亿美元的产业的成功，依赖于时尚管理专业人才的工作和奉献。时尚管理是时尚商业化的一面，时尚管理领域也正在飞速发展，其持续成功的原因在于能对不断变化的消费者需求、技术发展和全球经济挑战做出回应。当今全球市场的最大挑战之一是以合乎道德的、可持续的方式管理时尚。

如今的时尚领域竞争激烈，进入该领域就业的毕业生比以往任何时候都应更具创新性和创造力，需要有出色的创意思维、跨文化沟通能力、科技意识以及核心技能。本书探索了时尚产业为应对正在发生的变化而继续发展的方式，阐述了时尚产业中的不同职位及其在产业中发挥的作用。对这些领域的深入描述表明：时尚产业不仅仅是关于服装设计，而是一个更庞大更复杂的系统，其中的每个独特角色都发挥着重要作用。这些角色可能包括趋势预测专家、时尚买手、营销人员，以及用富有创意和创新意识的方式向消费者展示新设计作品的艺术家。有志于在时尚产业发展自己的人，可以在时尚买手、趋势预测、传播和营销等领域发现丰富的机会。如果想自己创业，时尚产业也有很多新兴的业务和模式可以选择。

希望本书能帮助你加深对时尚业务与管理相关理论和实践的理解，激发你探索时尚管理基础知识的兴趣。花些时间去了解时尚产业各种富有挑战性和回报的职业发展机会，为创立自己的企业或成为经理人做好准备。

参考文献

Adair, J (2006) *100 Greatest Ideas for Effective Leadership and Management,* Capstone Publishing.

Ambrose, G and Harris, P (2010) *Packaging the Brand,* AVA Publishing.

Blundel, R (1997) *Effective Business Communication: Principles and Practice for the Communication Age,* Pearson Higher Education.

Boddy, D (2005) *Management: an Introduction,* Pearson Higher Education.

Burk Wood, M (2007) *Essential Guide to Marketing Planning,* Prentis Hall.

Butler, D (2000) *Business Planning: a Guide to Business Start-Up,* Butterworth-Heinemann.

Constantino, M (1998) *Fashion Marketing and PR,* Batsford.

Evans, C and Frankel, S (2008) *The House of Viktor & Rolf,* Merrell.

Evans, D (2007) *Coolhunting: a Guide to High Design and Innovation,* Southbank Publishing.

Evans, D (2008) *Coolhunting Green: Recycled, Repurposed and Renewable Projects,* Southbank Publishing.

Everett, J and Swanson, K (2004) *Guide to Producing a Fashion Show,* Fairchild Publications.

Goworek, H (2001) *Fashion Buying,* Blackwell Science.

Handy, C (1985) *Understanding Organizations,* Penguin.

Hess, J and Pasztorek, S (2010) *Graphic Design for Fashion,* Laurence King.

Hingston, P (2001) *Starting Your Business,* Dorling Kindersley.

Jackson, T and Shaw, D (2000) *Mastering Fashion Buying and Merchandising Management,* Palgrave Macmillan.

Kojima, N (ed) (1999) *Maison Martin Margiela Street: Special Edition Volumes 1 and 2,* Street Magazine.

Le Marinel, A (2005) *Start and Run Your Own Business: The Complete Guide Setting Up and Managing a Small Business* How To Books.

Levinson, J (2007) *Guerilla Marketing,* Piatkus Books.

Mackrell, A (2004) *Art and Fashion,* Batsford.

Marchetti, L and Quinz, E (2007) *Dysfashional: Adventures in Post-Style,* OM Publishers.

McKelvey, K and Munslow, J (2008) *Fashion Forecasting,* Wiley-Blackwell.

Morris, M (2005) *Starting a Successful Business,* Kogan Page.

Mullins, L (2004) *Management and Organisational Behaviour,* Pearson Higher Education.

Pakhchyan, S (2008) *Fashioning Technology,* O'Reilly Books.

Pettinger, R and Nelson, B (2007) *Managing for Dummies,* John Wiley and Sons.

Phaidon (ed) (2003) *Area: 100 Graphic Designers, 10 Curators, 10 Design Classics,* Phaidon.

Pie Books (ed) (2008) *Absolute Appeal: Direct Mail Design,* Pie Books.

Pie Books (ed) (2007) *Fashion Brand Graphics,* Pie Books.

Pricken, M (2004) *Visual Creativity,* Thames & Hudson.

Reuvid, J (2006) *Start Up and Run Your Own Business,* Kogan Page.

Ridderstrale, J and Nordstrom, K (2001) *Funky Business,* Pearson Professional.

Roscam Abbing, E (2010) *Brand-Driven Innovation: Strategies for Development and Design,* AVA Publishing.

Savoir, A and Diman, P (2008) *Invitation and Promotion Design,* Harper Collins.

Sheridan, J (2010) *Fashion, Media, Promotion: The New Black Magic,* John Wiley and Sons.

Toth, M (2003) *Fashion Icon: The Power and Influence of Graphic Design,* Rockport.

Tungate, M (2004) *Fashion Brands: Branding Style from Armani to Zara,* Kogan Page.

Waddell, G (2004) *How Fashion Works,* Blackwell.

Williams, S (2006) *The Financial Times Guide to Business Start Up,* Pearson Professional.

内 容 提 要

时尚产业既是一个光鲜梦幻的世界，更是一个庞大精密的产业。《服装品牌营销：时尚管理基础》覆盖时尚产业运作的方方面面——从时尚趋势预测到新时装系列的诞生、从时装公司组织架构与职能到新商业模式的崛起、从消费者画像到时尚传播工具……全方位带领读者了解时尚是如何被创造、推广和销售的。

书中图片精美，案例丰富，每个章节后都附有小结和自测表，以及人物专访，适合时尚相关专业学生阅读学习，也适合广大对时尚产业有兴趣的人士使用。

原文书名：The Fundamentals of Fashion Management
原作者名：Susan Dillon
© Bloomsbury Publishing Plc, 2018
This translation of The Fundamentals of Fashion Management is published by arrangement with Bloomsbury Publishing Plc.
本书中文简体版经Bloomsbury Publishing Plc授权，由中国纺织出版社有限公司独家出版发行。
本书内容未经出版者书面许可，不得以任何方式或任何手段复制、转载或刊登。
著作权合同登记号：图字：01-2023-2053

图书在版编目（CIP）数据

服装品牌营销：时尚管理基础/（英）苏珊·迪伦著；李上上，陈学军译. -- 北京：中国纺织出版社有限公司，2024.3
（国际时尚设计丛书. 服装）
书名原文：The Fundamentals of Fashion Management
ISBN 978-7-5229-1278-3

Ⅰ. ①服… Ⅱ. ①苏… ②李… ③陈… Ⅲ. ①服装—品牌营销—高等学校—教材 Ⅳ. ① F768.3

中国国家版本馆CIP数据核字（2023）第253525号

责任编辑：李春奕　张艺伟　责任校对：高　涵
责任印制：王艳丽

中国纺织出版社有限公司出版发行
地址：北京市朝阳区百子湾东里A407号楼　邮政编码：100124
销售电话：010—67004422　传真：010—87155801
http://www.c-textilep.com
中国纺织出版社天猫旗舰店
官方微博 http://weibo.com/2119887771
北京华联印刷有限公司印刷　各地新华书店经销
2024年3月第1版第1次印刷
开本：710×1000　1/12　印张：16
字数：248千字　定价：128.00元

凡购本书，如有缺页、倒页、脱页，由本社图书营销中心调换